부부 커뮤니케이션

부부 커뮤니케이션

지은이 · 가끼다니 마사끼
옮긴이 · 조영상
초판 1쇄 펴낸날 · 1995년 10월 1일
초판 3쇄 펴낸날 · 2000년 8월 19일
펴낸이 · 김승태
편집, 교정 · 예영커뮤니케이션
표지디자인 · 한영애
영업 · 김석주
등록번호 · 제2-1349호(1992. 3. 31)
펴낸곳 · 예영커뮤니케이션
주소 · 110-616 서울 광화문 우체국 사서함 1661
　　　유통사업부 T. (02)830-8566 F. (02)830-8567
　　　출판사업부 T. (02)2264-7211 F. (02)2264-7214
　　　E-mail : jeyoung@chollian.net

ISBN 89-85313-96-7-637-7 03230

값 3,800원

부부 커뮤니케이션

행복한 부부 · 행복한 가정 만들기

가끼다니 마사끼 지음
조영상 옮김

예영커뮤니케이션

한국어판에 붙이는 글

이번에 부부에 관한 책자가 이웃 나라인 한국에서 번역되어서 대단히 기쁘고 영광스럽게 생각하고 있습니다. 중국에서 태어난 제게 있어서 한국은 대륙과 연결되어 있어 매우 친근하게 느껴집니다. 미국 유학 중에는 여러 한국 유학생들로부터 많은 친절을 경험했고 잊을 수 없는 추억들도 간직하고 있습니다. 그리고 제가 현재 관계하고 있는 Reality Therapy(현실요법)를 한국에서 넓혀가고 있는 분은 일본에서 임상연습을 받으신 분입니다. 그분은 제가 회장으로 있는 현실요법학회의 회원으로 활동하고 있기도 합니다. 정말로 한국은 이웃 나라인 것을 강하게 느끼고 있습니다.

인간 관계 중에서 가장 복잡하고, 동시에 가장 중요한 관계가 부부 관계입니다. 나라별로 부부의 바람직한 태도에 다소 차이는 있지만 기본은 동일합니다. 행복한 부부 관계가 있는 곳에 행복한 인생이 있습니다. 똑같은 동양에 있는 이웃 나라로서, 일본과 한국은 많은 공통점을 가지고 있습니다. 이 책이 한국 가정에 조금이나마 도움이 되기를 간절히 바랍니다. 또한 번역하느라 수고해 주신 조영상 선교사님께 감사의 말씀을 드립니다.

1994년 2월 25일
가끼다니 마사끼

번역하고 나서

선교사로 일본과 깊은 관련을 맺고 산 지 10여 년이 되었습니다. 가족들도 최근 5년 동안 일본에서 함께 살면서, 가장 흥미 있게 일본인 가정들을 접하게 되었습니다. 조용하지만 격렬한 갈등이 있고, 완벽해 보이지만 붕괴 직전의 가정들이 너무 많은 것을 보았습니다. 실제로 일본 후생성 통계를 보면 94년 한해 동안 19만 쌍 이상이 이혼하고 있습니다. 특히 여성들이 결혼과 이혼에 대해 아주 가볍게 생각하고, 가볍게 결정하고 있습니다. 자녀들이 부모의 사랑과 보호가 결핍되어 수없이 고통당하는 것도 보아 왔습니다.

저는 가정생활에서 일어나는 문제들을 해결할 지혜를 모아 우선 우리 가정에 적용해 보고, 가정의 중요성을 계몽하고, 성서적인 가정 확립을 일본인 가정에 가르칠 수 있는 기회를 많이 가질 수 있었습니다. 그러던 중, 일본인 가정 문제 전문가 몇 분을 알게 되고, 그분들의 활동과 서적을 접하게 된 것은 큰 기쁨이었습니다. 단순히 문제 가정을 상담하고, 세워 주는 역할만이 아니라 보다 행복한 가정을 통해 건강한 사회를 건설하고 싶은 마음에서 가정에 관한 지혜의 책을 번역하여 소개하게 되었습니다. 특별히 저의 일본 선교를 위해 후원해 주신 분들, 그리고 주 안에서 만난 제자들과 인생의 후배들에게 이 책의 내용들을 모두 전하고 싶은 마음이 간절합니다.

어느 민족보다 가정의 상처가 많았던 조국에 이 책을 번역 소개하게 된 것을 기쁘게 생각하며 하나님의 크신 사랑과 축복이 한국 가정에 충만히 임하기를 기도드립니다.

1995년 1월 상계동 선교관에서 조영상

머리말

"미국에서는 18세 이하의 어린이 4명 중 1명이 편친(偏親) 가정에서 자라고 있으며, 어린이의 60%는 성인이 될 때까지 어느 시점엔가에서 부모의 별거, 이혼 등에 의한 한쪽 부모와만의 생활을 경험하고 있다…".

이러한 통계결과가 발표되고 있습니다. 얼마 전 우리 집에서 홈 스테이를 했던 뉴질랜드에서 온 여학생이 말하기를 오래 전 친구 6명이 모여 이야기를 했던 적이 있는데 자기를 포함한 전원이 이혼 가정인 것을 알게 되었다고 말해 주었습니다. 가정붕괴의 큰 파도는 세계에 이르렀고, 일본도 예외는 아닙니다. 요즈음 가정 문제에 관한 강연 의뢰도 많아지고 있습니다. 이 책은 강연에서 말해 온 것들과 잡지 등에 집필했던 원고들을 한 권으로 정리한 것입니다.

"우리는 서로 사랑하는데 함께 살 수 없어요"라고 하는 부부의 문제점은 지배성에 있습니다. 이 문제는 1장에서 취급하였습니다. 2장에서는 파괴적이 되지 않고 문제를 해결하기 위한 중요한 원칙을 논하였습니다. 3장의 '용서의 비결'은 행복한 부부의 비결 그 자체입니다. 용서한다는 것은 어떤 것인가에 대해 말하였습니다. 4장 '사고(思考)를 새롭게 함'에서는 특별히 자신에 관해 어떻게 생각하고 있는지 즉 자아상(Self Image)을 건전하게 하는 것의 중요성을 말하고 있습니다. 마지막 5장에서는 부모와 자녀와의 관계에 관해 말하고 있습니다.

카운슬링의 현장에서 많은 것들을 배우게 됩니다. 부부 문제의 대부분은 이 책을 읽고 해결할 수 있는 것이고, 또한 예방할 수 있는 것입니다. 또한 이 책은 가능한 한 구체적이도록 염두해 집필하였습니다. 가정 건설에 조금이라도 기여할 수 있을 것이라고 확신하고 있습니다.

이 책의 출판에 있어서 생명의 말씀사 출판부 여러분께 많은 신세를 지게 되었습니다.

저의 집에는 현재 11살, 8살 된 남자 아이 둘이 있습니다만, 2월 말에는 셋이 됩니다. 출판이 먼저일지 출산이 먼저일지요. 어느 쪽이든 기대가 됩니다. 이 책을 읽으시는 여러분의 가정에 풍성한 축복이 있으시길 기도드립니다.

1988년 1월
가끼다니 마사끼

차례

제1장

보다 나은 부부 관계

늘어나는 가정 붕괴

결혼식은 엄숙히 집행되고 있었습니다. 의식을 집행하는 젊은 목사에게 있어서는 첫번째 경험입니다. 말할 것도 없이 신랑 신부에게 있어서도 첫번째 경험입니다. 두 사람은 아주 긴장하고 흥분해 있었습니다. 이런 커플을 눈앞에 두고 의식을 집행하는 목사도 점점 긴장하여 식 도중에 무슨 이야기를 해야 좋을지 모르게 되었습니다. 그 때 문득 선배의 충고가 생각났습니다. 그것은 다음과 같은 것이있습니다.

"결혼식에서는 신랑 신부가 긴장해 있기 때문에 의식을 집행하는 목사도 긴장하기 쉬워. 혹시 도중에 무슨 말을 해야 좋을지 모르는 경우가 있지. 하지만 당황해선 안 돼. 만약 그런 때는 떠오르는 성경 말씀을 소리내서 말해. 그러다 보면 안정을 되찾을 수 있게 될 거야."

"그래, 성경 말씀을 소리내서 말하면 되겠다."

그리하여 목사는 신랑 신부와 회중 앞에서 큰 소리로 말했습니다.

"아버지여, 저들을 용서하옵소서! 저들은 자기가 무엇을 하는지 알지 못하나이다."

이것은 예수 그리스도께서 십자가상에서 자신을 못박은 사람들을 위해 기도하신 말씀입니다. 자리에 어울리지 않는 엉뚱한 성경 말씀을 인용함으로써 우스갯소리 같은 이야기를 하게 된 것입니다.

그러나 결혼식을 거행하는 커플 가운데는 마치 이 말씀이 가르치는 대로 자기들이 무엇을 하고 있는지 알지 못하는 젊은이들이 늘어나고 있습니다. 일본인들 가운데 하와이에 신혼 여행을 갔다가 돌아오면 또다시 옛날과 같은 생활을 그대로 유지할 수 있을 거라는 가벼운 기분으로 결혼하는 사람이 있습니다.

우리 연구소에 아가씨가 찾아왔습니다. 결혼한 지 4개월 만에 집을 뛰쳐나왔다는 것이었습니다. 어지간히 나쁜 남편이었나 보다 하고 생각했는데 전혀 그렇지 않았습니다.

"남편은 아주 좋은 사람이에요"라는 것이었습니다. 오히려 상담자인 제쪽이 깜짝 놀랐습니다. "남편은 좋은 사람이지만, 헤어지고 싶어요."

이런 커플이 최근에 적지 않은 것입니다.

새로운 패션은 금방 유행합니다. 좋은 것이 유행이라면 참 좋은 일이지만 나쁜 것의 유행은 곤란합니다. "너희는 이 세대를 본받지 말고"(롬 12:2)라고 성경은 가르치고 있습니다. 그러나 우리들 대부분은 모르는 사이에 세상의 흐름에 맞추고 있습니다. 그리고 많은 경우에 이혼을 당연한 것처럼 생각해 가고 있는 것입니다.

행복한 결혼은 몇 퍼센트?

결혼 피로연에서는 "행복하게나"라고 축복을 받습니다. "철수 씨, 영희 씨를 꼭 행복하게 해 주세요. 그렇지 않으면 제가 용서하지 않을 테니까요"라는, 유모어도 가득 넣은 친구의 축사도 듣게 됩니다. 철수 군은 모든 사람 앞에서 가슴을 펴고 약속합니다. "여러분, 저는 영희 씨를 반드시 행복하게 하겠습니다."

그런데 도대체 행복한 결혼은 어느 정도 있는 것일까요? 강연회 등에서 나는 가끔 여러분에게 거수를 하게 합니다. 행복한 결혼이 어느 정도 있을지 추측해 보도록 말입니다. 50%, 40% ….

점점 숫자를 내려서 묻다 보면 30%에서 손을 드는 분이 가장 많은 것 같습니다. 그러므로 많은 사람들이 행복한 결혼은 30% 정도 될 것이라고 생각하고 있는 듯합니다.

언젠가 미국에서 결혼 문제 전문가가 자신의 결혼 생활이 행복하다고 생각하는 사람이 어느 정도 있는지 각각 다른 지역에서 조사를 했습니다. 그것에 의하면 약 5%의 사람만이 자신의 결혼 생활에 행복을 느끼고 있다는 것을 알게 되었습니다. 아마 일본에서도 큰 차이는 없을 것입니다.

일본의 이혼율은 미국만큼 높지 않습니다. 그러나 이혼율이 낮다고 해서 행복한 결혼이 많다고 하는 것은 아닙니다. 반약 미국에 살고 있었다면 벌써 이혼했을 것이라고 생각되는 부부가 종종 여러 제약 때문에 구태의연(舊態依然) 한 형식상의 부부로서 머물고 있는 케이스가 일본에서는 많습니다.

행복한 부부는 일본에서도 5% 정도일 것입니다.

아까 말씀드린 미국 조사에 의하면 다음과 같은 실태입니다.

- 행복한 결혼 5%
- 좋은 결혼 10%
- 그저그런 결혼 ⎫
- 간신히 견디는 결혼 ⎭ 85%

이혼율은 보통 인구 천 명에 대해 몇 명이라는 형태로 나타냅니다. 어느 나라든지 3.0에 가까워지면 거기에서 급상승한다고 말하여집니다.

미국에서는 1968년에 2.9가 되고 그 후에는 단숨에 상승했습니다 (1983년에 5.03). 일본에서는 1963년이 0.73, 1979년이 1.17, 1986년이 1.37로 아직 3.0의 숫자까지는 시간이 걸릴 것 같습니다. 그렇지만 '빨간 신호등을 다같이 건너면 무섭지 않네'라는 것처럼 이혼이 드문 현상은 아니게 되었습니다.

경제적 자립은 많은 여성에게 있어서 하나의 커다란 과제입니다.

이혼을 하고 싶어도 실제로 시도하지 못하는 이유 중에는 "집을 구입했기 때문에 헤어지면 갚을 수가 없어" 등의 경제적인 문제가 있는 것 같습니다. 다시 말해 만약 지금 이상으로 경제적 자립이 가능해지면 이혼율은 급상승할지도 모릅니다.

일본에서는 통계적으로 '22년째의 위기'라는 현상이 있습니다. 미국에서도 비슷한 현상이 있어 빈 둥지(Empty Nest) 증후군이라 불리워지고 있습니다. 이것은 자식들이 자립하고 나면 헤어지는 케이스입니다. 즉 자식이 떠나고 나면 둘 사이에 아무런 공통점도 없어지므로 이제는 헤어지자고 하는 것입니다.

사실 제가 알고 있는 사람 중에도 자녀가 집을 떠나면 헤어지리라고 작정하고 있는 부부가 있습니다. 자녀라고 하지만 이제 국민학교 저학년일 뿐인데 말입니다.

몇 해 전에 어린이의 정신 위생이 악화되고 있다는 지적이 요미우리 신문의 「논점(論点)」에서 다루어졌습니다(1985년 10월 19일자). 국립소아병원 정신과 과장인 가와이 히로시(河合洋) 씨는 이 가운데 다음과 같이 기록하고 있습니다.

"신경성 습벽 이상(習癖異常), 각종 신경증, 심신증 등의 저연령화를 동반한 격증 현상은 이미 아는 사실이다. 또한 학교 상황을 반영하고 있는 사회 병리 현상으로써 새롭게 나타난 문제인 학생들의 등교 거부, 교내 폭력을 비롯하여 최근의 친구 학대 문제에 이르기까지 그 급증 현상은 커다란 사회 문제로조차 되어 버렸다."

어린이를 둘러싼 상황은 분명히 악화되어 있고 악의에 차 있습니다.

그리고 그 개선의 한 가지가 부부 관계에 있다고 해도 부정할 사람은 없습니다. 우리들이 어떤 부부 관계를 가지는가는 어린이 정신 위생에 크게 영향을 미치는 것입니다.

이혼이 어린아이에게 주는 영향

1984년 미국 의회에서 가족 문제 전문가 몇 사람이 학술 참고인으로서 증인대에 섰습니다. 그 중 한 명은 하버드대학 의학부 교수이고 동시에 매사츄세츠 종합병원에서 정신과 의사로 일하고 있는 아만드 니콜라이(Armand Nicholi) 박사였습니다.

그 박사의 연구에 의하면, 이혼 가운데에는 아이를 위해서도 헤어지는 편이 낫다고 생각해서 이혼하는 케이스가 있으나, 그런 것조차도 이혼이란 자녀에게 큰 충격을 주고 자녀의 생애에 큰 영향을 미치고 있다고 하는 것입니다.

이혼 가정의 자녀들 중 90%는 강한 충격을 받고 깊은 슬픔과 말하기 힘든 공포를 느끼고 있습니다.

더욱이 이혼 가정의 50% 아이들은 자신들이 거부되어지고 버림받았다고 느끼고 있습니다. 이혼한 지 3년이 지나면 절반의 아버지는 아이를 만나러 오지 않게 됩니다. 그리고 3분의 1의 아이들은 남은 부모에게도 또 버림받는 게 아닐까 하고 두려워하고 있습니다.

이혼 가정의 60%의 자녀들은 헤어진 부모를 만나고 싶다고 간절히 소망하고 있고, 그것은 조사를 담당한 사람들이 압도적이라는 말을 사용할 만큼의 강한 감정입니다.

이혼 가정의 자녀의 37%는 이혼한 지 5년이 지나면 상처가 치료되기는커녕 이혼 후의 1년 반 후보다도 한층 더 불행해지고 충족되지 못함을 느끼고 있습니다.

니콜라이 박사는, 이혼이 자녀에게 주는 고독감은 너무 강하고 그 고통은 묘사하기 어려우며 생각할 수 없을 정도로 강렬한 것이라고 말하고 있습니다.

이혼에 이르기까지는 나름대로의 이유가 있겠지요. 그 중에도 이혼의 배후에 부정의 문제가 자주 존재하고 있습니다.

TV나 잡지에서 취급되고 어른의 게임처럼 되어 버린, 결혼이라는 굴레 밖에서의 성관계가 얼마만큼 가정을 파괴하고 있는 것일까요? 어른의 순간의 즐거움이 얼마만큼 많은 어린이들을 슬프게 하고 그 마음을 혼란케 하고 있는 것일까!

이혼 외의 별거도 이혼만큼 심각합니다. 아버지가 장기간 집을 떠나 있는 경우에도 자녀들은 심각한 영향을 받고 있습니다.

니콜라이 박사는 자녀들이 다음과 같은 것들을 경험한다고 하고 있습니다.

1. 분노, 거부받은 감정, 우울
2. 화해의 계획 시도 — 전화, 편지에 의한 빈번한 접촉 시도
3. 공상에 잠긴다 — 마치 아버지가 눈앞에 있는 것처럼 말을 건다.
4. 아버지와의 별거에 대해 설명하기 어려운 죄악감을 가진다.

5. 충동적 행위의 억제력이 감소
6. 학업 부진
7. 낮은 자아상(Self Image)
8. 친구에게의 의존도 증가

어떤 이유의 별거이든 간에 자녀들은 이것을 부모의 거부로 받아들이는 경향이 있습니다. 거부받고 있다는 생각은 아무래도 유해한 감정을 초래합니다. 그것은 마음의 심층에 있는 분노로부터 무가치감에 이르기까지 가지각색입니다.

일본 사회에서는 아버지의 단신 부임이 커다란 사회 문제의 한 가지로 대두되고 있습니다.

기업 쪽에서는 나름대로의 이유가 있을 것입니다만 가정 구성, 연령 등을 별로 고려하지 않은 전근 명령은 가정에 심각한 영향을 주고 있습니다.

이렇게 해서 보통 때에도 많지 않은 부모와 자녀의 접촉 시간이 점점 더 적어져 가는 것입니다.

"아버지가 놀아 준 기억이 없어요"라고 말하는 청년 남녀는 점점 많아지고 있으며 그들의 마음은 이미 병을 앓고 있는 것입니다.

게다가 현대는 어머니들이 자녀를 놓아 두고 밖에 일하러 나가는 경향이 강해지고 있습니다. 미국 사회의 가정 붕괴 요인의 하나를, 어머니들의 가정 밖에서의 일이라고 간주하고 있는 지식인들이 많이 있다는 사실도 잊어서는 안 되겠습니다. 어린아이를 어딘가에 맡기면서까지 밖에 일하러 가는 것이 우선 순위의 혼란에서 왔다고 한다면 문제입니다.

니콜라이 박사는 자신의 연구가 많은 부모들에게 죄악감이나 불쾌감을 갖게 한다는 것을 알면서도, 연구 결과를 발표하는 것이 학자로서의 의무라고 생각하고 있습니다. 부부 관계, 그것에 의해 영향받는 부모 자녀 관계, 이러한 것들은 어린이의 정신병적인 문제의 증가와 부정할 수 없을 만큼 밀접한 관계를 가지고 있습니다. 박사의 연구는 이 점을 명확히 한 것입니다.

언젠가 딸을 시집보내고 외아들도 얼마 있으면 대학 졸업을 한다는 중년의 어머니가 아들에게 이끌려 카운셀링을 받으러 왔습니다. 이혼에 대하여 심각하게 생각하고 있다는 것입니다.

자녀들이 어느 정도 크고 나면 부모가 이혼을 하더라도 그 영향을 크게 받지 않은 채 끝날 수 있을 것이라고 생각하는 사람이 있습니다. 그러나 자녀의 연령이 몇 살이 되든 간에 이혼이 주는 영향은 심각합니다. 자녀가 성장하여 이젠 결혼을 생각할 시기가 됐을 때쯤 오랜 세월 함께 살아 온 부모가 이혼한다고 하는 것을 보면 마음이 아주 불안해지기 때문입니다. 자연히 결혼에 대하여 자신을 갖지 못하고 "차라리 결혼하지 말고 동거를" 하는 식이 됩니다.

이혼을 생각하고 있던 그 어머니에게 저는 이렇게 말했습니다.

"따님이나 아드님이 앞으로 인생에서 결혼 문제에 부딪혀 헤어지고 싶다고 생각할 수도 있겠지요. 만약 어머님이 지금 이혼하신다면 그때의 자녀들도 안이한 판단으로 쉽게 이혼을 생각할 가능성도 있겠지요. 그러나 어머님이 이혼하지 않으시고 견디어 온 모습을 보았다면 자기도 노력해야겠다고 생각할 수 있겠지요."

이 어머니는 현명한 분이셨습니다. "자신을 바꾸는 일에 전념하겠다"라고 하며 돌아가셨습니다.

그건 그렇다 하더라도 말년에 아내로부터 이혼당하는 남자도 초라한 것입니다. 그것이 그 사람 인생의 총결산이겠으나, 자녀가 둥지를

떠났을 때쯤의 부부 관계를 계산하지 않고 살아 온 생활은 처참한 것
입니다.

지배 질서의 혼란

중요한 설명서

최근의 시계는 디지탈이 많아졌습니다. 긴 바늘과 짧은 바늘이 있는 시계라면 시간을 맞추기가 그다지 어렵지 않습니다. 그러나 디지탈을 맞추는 것은 생각보다 간단하지 않습니다.

나는 전자계산기를 겸용한 디지탈 시계를 가지고 다니며 시간이 되면 신호음이 울리도록 조절해 놓고 사용하고 있습니다.

어느 날 아내가 나의 디지탈 시계와 같은 메이커의 전자계산기를 사 가지고 와서는 시간과 날짜를 입력해 달라고 말했습니다. 같은 메이커이기 때문에 간단할 것이라고 생각하고 해 보았지만, 시간만은 아무리 해도 입력할 수 없었습니다. 그래서 결국은 설명서를 읽지 않으면 안 되게 되었습니다.

설명서를 읽고 나서야 알게 된 것은 나의 오래된 시계는 8시 15분을 맞추는 데 '8', 'Time', '1, 5', 'Time' 순으로 입력하는데, 같은 메이커라도 아내의 새 시계는 '8, 1, 5', 'Time' 이라는 식으로,

'Time'을 누르는 것이 한 번뿐이라는 것이었습니다. 시계 메이커에서 설명서를 붙여 주었기 때문에 알게 된 것입니다.

하나님은 사람을 남자와 여자로 창조하시고, 결혼을 제정하셨습니다. 그리고 결혼 생활을 잘해 나가기 위한 설명서를 남겨 주고 계십니다. 그것이 바로 성경입니다.

만약 사람이 설명서대로의 생활을 할 수 있다면 문제를 피할 수가 있고, 가령 어쩌다 문제가 발생하더라도 충분히 해결해 갈 수 있습니다. 설명서에는 부부 관계, 부모 자식 관계, 인간 관계에 관한 중요한 원칙이 기록되어 있기 때문입니다. 이 원칙을 적용한다면 어떤 사람에게도 행복한 결혼이 약속되어져 있습니다. 잘 진행되어가고 있지 않는 부부는 이 원칙을 생활에 적용하고 있지 않는 것입니다. 또한 알고 있어도 실천되어지지 않으면 의미가 없습니다.

비극의 시작

어느 부부의 이야기를 간단히 예로 들어 보겠습니다.

"미안하지만 쓰레기좀 내놔 주세요"라고 아내가 말하자 남편은 마음속으로 이렇게 생각했습니다.

'말하지 않았더라면 스스로 버렸을 텐데, 말했으니 내놓지 말아야지.'

이것을 남성 신경질증이라 말합니다. 대체 언제부터 이처럼 어긋나게 되어 버린 것일까요.

설명서인 성경에는 다음과 같이 기록되어 있습니다.

"또 여자에게 이르시되 내가 네게 잉태하는 고통을 크게 더하리니 네가 수고하고 자식을 낳을 것이며 너는 남편을 사모하고 남편은 너

를 다스릴 것이라"(창 3:16)

이것은 아담 부부가 죄를 범한 후 주님께서 하와에게 하신 말씀인데, 왜 죄를 범한 후에 더욱이 "남편을 사모하고"라고 말씀하신 것일까요.

아담 부부의 죄라는 것은 '따먹어서는 안 되느니라'고 하신 하나님의 계명을 깨뜨린 것입니다. 이 이전에도 아담 부부에게는 로맨틱한 관계가 있었고, 아내는 남편을 사모하고 있었을 것이라 생각됩니다. 그런데 왜 죄를 범한 후에 '사모하라'고 새삼스레 말씀하셨을까요.

이것은 과연 어떤 의미일까요.

같은 히브리어를 사용한 곳을 보면 이 말의 참 의미를 알 수 있습니다. 그것은 분노하는 가인을 향해 하나님이 하신 말씀 중에 있습니다.

"네가 선을 행하면 어찌 낯을 들지 못하겠느냐 선을 행치 아니하면 죄가 문에 엎드리느니라 죄의 소원은 네게 있으나 너는 죄를 다스릴지니라"(창 4:7)

원어에 있어 '소원'이란 사모한다는 것과 같은 뜻인데, 그렇다면 죄가 가인을 사모한다는 것은 어떤 의미일까요. 그것은 '지배하려 한다'는 것입니다. 그러므로 여기에서의 의미는 '죄가 너를 지배하려 하고 있으나 너는 반대로 그것을 지배하지 않으면 안 된다'고 하는 것이 됩니다. 죄를 범한 하와에게 하나님이 하신 말씀은 '너는 남편을 지배하려고 하나, 남편은 너를 난폭한 형태로 지배할 것이다'라는 것입니다. 다시 말해 남녀간에는 권력 쟁탈전이 존재하고 있다는 것입니다.

잠재적 지배성

카운셀링을 받으러 오는 커플들을 이 관점에서 보면, 문제 있는 부부간에는 이 권력 쟁탈전이 존재하고 있습니다. 그러나 또한 잘 되어 가는 부부간에는 이것이 훌륭히 처리 수습되어지고 있습니다.

실제로 여성의 마음속에는 상대를 지배하려는 경향이 있고, 많은 여성들은 이것을 알아채지 못하고 있습니다.

결혼 전 철수 씨는 치바라는 곳에, 영희 씨는 동경에 살고 있었습니다. 양쪽 모두 부모를 떠난 생활이었기 때문에 그녀가 남자 쪽으로 이사를 할 것이라 생각하고 있었습니다.

그런데 그녀는 일 관계상 남편될 사람이 동경의 자기 집으로 이사해 주었으면 하고 생각하기 시작했습니다. 어느 날 그녀는 남자에게 말했습니다.

"저 말이죠, 기도하고 있는 게 있어요."

"그래, 뭘 기도하고 있지?"

"그게 말이죠. 하나님 뜻이라면 말인데요…. 당신이 이곳으로 이사 올 수 없을까 해서요."

그는 친철한 사람이었기 때문에 한참 있다가 말했습니다.

"자, 그럼 내가 이사 올게."

그녀는 물론 기도가 응답되었다고 생각했습니다.

그러나 잘 주의해서 생각해 보면, 그녀 속에는 결혼 전부터 상대를 지배하려고 하는 경향이 나타나 있다고 말할 수 있습니다.

여성은 때에 따라서는 멋있게 상대를 다룰 수 있고, 또 은밀히 조종하기도 합니다. 미신자인 남편을 크리스천으로 만들려고 화장실이나 맥주병에 성경 말씀을 써 붙이는 등의 일도 그렇습니다. 아무리 친절하고 온화하며 가련한 여성일지라도 남편을 지배하려고 하는 경향이 있는 것입니다.

아버지가 철수의 머리를 보고 말했습니다.

"철수야, 머리가 길었으니 내일 머리를 깎으러 가거라."

이것을 옆에서 듣고 있던 어머니가 말했습니다.

"어머, 괜찮아요. 요즘 아이들은 모두 이 정도가 보통이에요. 철수야, 안 가도 돼!"

여기에서 문제가 되는 것은 머리의 길이가 아닙니다. 이 집에서는 누가 지배권을 쥐고 있는가 하는 것입니다. 어머니는 자신이 지금 무엇을 하고 있는지 의식하지 못하고 있다고 생각합니다만, 실은 아이 앞에서 아버지 뺨을 올려친 것과 같은 것입니다.

아내가 남편을 어떻게든 지배하고 있으면 자녀에게 악영향을 주며, 관계를 가진 사람들이나 지역 사회에까지 악영향을 미칩니다.

어느 아내는 아주 지성이 있고 논리적인 사람이었기 때문에 남편은 그런 아내를 입으로는 도저히 이길 수 없었습니다. 그래서 어느 사이엔지 그 가정은 아내가 지배하는 패턴으로 정착되어져 가고 있었습니다. 남편은 지역 활동에서 임역원을 하고 있었습니다만 항상 아내에게 지배받고 있기 때문에 가정에서 울적하게 되어 있는 것이 이 임역원회까지 영향을 미치게 되었습니다.

어느 날 드디어 이 남편은 임역원회 석상에서 큰 소리로 모두에게 호통을 쳤습니다.

"이 회는 내가 지킬 테니까 모두 나가 버려!"

부부의 일치가 없이 가정의 일치는 있을 수 없습니다. 부부 관계가 좋지 않은 사람은 남성이든 여성이든 책임 있는 입장에 세워져서는 안 됩니다.

"사람이 자기 집을 다스릴 줄 알지 못하면 어찌 하나님의 교회를 돌아보리요"(딤전 3:5)

자주 '남편을 깔고 뭉갠다'라고 하는데, 남편을 깔고 뭉개는 여성은 결코 행복하지 않습니다. 모르는 사이에 커다란 손해를 입고 있는 것입니다.

아내가 남편을 지배하려고 하면, 남편은 거기에 저항하며 더욱 난폭한 형태로 아내를 지배하려고 합니다.

이것이 죄를 범한 결과 생겨난 저주받은 부부의 관계입니다. 이 문제의 해결은 어디에 있는 것일까요? 설명서인 성경은 문제를 지적하는 것만이 아니고, 해결을 가르쳐 주고 있습니다.

서로 복종한다

지배권 쟁탈전에 종지부를 찍기 위해서는 서로 복종하는 것입니다.
"그리스도를 경외함으로 피차 복종하라"(엡 5:21)

복종한다는 것은 여성만에게 요구되는 것이 아닙니다. 남성에게도 복종하는 것이 요구되고 있습니다. 사람이 둘 이상 모이는 곳에서는 누군가가 다른 이에게 복종하는 것이 필요하게 됩니다. 직장에서는 남성도 상사에게 복종하고 있습니다. 교회에서도 가정에서도 서로 복종하는 것이 필요합니다.

그러나 복종한다고 하더라도 남성과 여성에게는 차이가 있습니다. 설명서인 성경에도 "아내들이여…", "남편들이여…"라고 각기 나누어서 말하고 있는 대로입니다. 그것은 복종에 대한 표현 방식이 다르다고 하는 것입니다. 아내는 자기 남편에게 복종하는 것으로 그것을 표현하고, 남편은 아내를 사랑함으로 그것을 표현합니다.

지나친 여성 해방(Woman Live) 운동은 남녀의 차이를 거의 인정치 않는 단계에까지 가 버리고 말았습니다. 그러나 남성과 여성, 아내와 남편에게는 엄연히 차이가 있습니다. 물론 아내가 남편에게 복종한다고 할 때 여성이 남성보다 가치가 없다고 말하여지는 것은 아닙니다. 남성도 여성도 하나님의 형상대로 만들어져 있으며, 동등한 가치를 가진 존재인 것입니다.

'복종한다'고 하는 말은 지금은 인기없는 말이 되어 있습니다. 이 말을 듣기만 해도 머리털이 거꾸로 서는 여성도 있습니다. 그러나 남성에게 요구되어지고 있는 것이 어떤 것인지를 이해한다면 그야말로 여자인 것이 다행이라며 안심할 것입니다. 여자는 복종하는 것만으로 좋지만, 남자에게는 그 여자를 위해 죽을 만큼의 사랑이 요구되고 있는 것이니까요.

언젠가 저는 부부 관계의 자세에 관하여 교회 예배 때에 말하였습니다. 그 이야기가 끝나고 나서 국민학교 1학년 아들에게 "아빠가 오늘 어떤 이야기를 했는지 알아들었니?" 하고 물었습니다. 아들이 어떻게 이해를 했는지 걱정이었기 때문이었습니다.

그는 "음—"이라고 생각하면서 대답하였습니다. "여자는 복종하는 것만으로 되지만, 남자는 그 여자를 위해 죽지 않으면 안 된다는 것이지요."

그렇습니다! 여기에 남성과 여성의 차이가 있는 것입니다. 성경은 부당한 요구를 여성에게 강요하여 문제를 해결하려 하는 것은 아닙니다.

다음 항목에서 남성과 여성의 차이에 관해 상세히 생각해 봅시다.

아내의 역할은 복종하는 것

주께 복종하듯

아내들이여 자기 남편에게 복종하기를 주께 하듯 하라 이는 남편이 아내의 머리됨이 그리스도께서 교회의 머리됨과 같음이니 그가 친히 몸의 구주시니라(엡 5:22, 23)

어느 아내가 남편에게 물었습니다. "여보, 복종한다는 것은 어떤 것이에요?"

남편이 대답했습니다. "조금의 저항도 하지 않는 것이야"라고.

이것이 진정한 복종입니다. "따르면 되잖아요! 따르면!"이라고 큰 소리를 내면서 하는 것이 아닙니다. "주께 복종하듯"이라 기록된 것 같이 그리스도에게 복종하는 것 같은 순종이 요구되고 있는 것입니다. 가령 그리스도가 "영희야, 일을 그만두어라"라고 하셨다면, 크리스천 여성은 그것에 따를 것입니다. 설령 일을 좀더 계속하고 싶다는 기분이 있을지라도 말입니다. 똑같이 남편이 "영희, 일을 그만두었으면 좋겠어"라고 했을 때 "네"라고 순종하는 것이 요구됩니다.

아무것도 서로 이야기해서는 안 된다는 것이 아닙니다. 그러나 그만두는 것이 남편의 최종적 의사라고 알게 되면, 그것에 복종하는 것입니다. 이러한 복종을 할 수 있다면 부부 관계에 변화가 일어납니다.

'남편은 아내의 머리'라고 하는 것은 어떤 것일까요. 그것을 남편이 임금님 노릇하며 아내를 고용인처럼 취급하는 것이 아닙니다. 민주주의 원칙으로 설명한다면 다음과 같은 것이 됩니다. 남편도 아내도 한 표씩 투표권이 있으나 남편에게는 의장권이 있다는 것입니다.

가령 부엌의 벽지를 무슨 색으로 하는가 하는 것으로 남편과 아내가 서로 이야기하고 있다 합시다. 아내는 안정감 있는 녹색이 좋다고 합니다. 남편은 핑크색이 좋다고 합니다. 여기에서 현명한 남편이라면 이렇게 생각합니다. '부엌일을 하는 것은 내가 아니라 그녀다. 그렇다면 벽지도 아내가 말하는 대로 녹색으로 하자.' 여기에서 녹색이 결정되는 것입니다. 현명하지 못한 남편은 아무리 해도 '핑크'를 주장하고 의장권을 행사해서 2 대 1로 핑크가 결정됩니다.

그렇게 되면 복종하는 것이 요구되어지는 아내는 핑크를 마치 자신이 선택한 색깔인 것처럼 받아들이는 것입니다. 부엌에 서서 '이놈의 핑크색'이라고 생각하지 않는 것입니다.

한참 지나면 핑크에 싫증이 난 남편이 말할지도 모릅니다. "부엌의 벽지를 뭔가 딴 색깔로 할까?" 이 때에 기다렸다는 듯이, "당신이 그렇게 하자고 했었잖아요!"라고 말해서는 안 됩니다. 자신이 핑크를 선택한 것처럼 응답하는 것입니다.

독자 중에는 "휴—" 하고 한숨을 짓고 있는 분도 있을 것 같습니다. 분명히 복종한다는 것은 힘든 일입니다. 그러니까 행복한 결혼은 5%가 채 못 된다는 것입니다.

에베소서의 편지는 봉건적?

조금 전에 인용한 성경 말씀은 에베소서입니다. 어떤 사람은 묻습니다. "에베소서는 누가 썼지?" "바울." "나, 바울이란 사람 너무 싫어!"

바울을 싫어하는 사람은 베드로가 뭐라고 하고 있는지를 보기로 합시다.

베드로도 똑같은 말을 하고 있습니다.

"아내된 자들아 이와 같이 자기 남편에게 순복하라"(벧전 3:1)

'이와 같이'라는 것은 앞에서 말한 것과 관계가 있다고 하는 것입니다.

"사환들아 범사에 두려워함으로 주인들에게 순복하되 선하고 관용하는 자들에게만 아니라 또한 까다로운 자들에게도 그리하라"

종이 선량하고 친절한 주인에게 복종하는 것에 대해선 아무런 저항감이 없겠지요. 콧노래라도 부르면서 일을 할 수 있을 것입니다. 그러나 난폭한 주인에게 복종해야 할 때는 숨어서 눈물을 흘릴 일도 있을시 모르겠습니다. 그럼에도 "복종하라"고 말씀하시는 깃입니다. "이와 같이 아내된 자들아"라고 말씀하고 계십니다.

그것뿐이 아닙니다. 그리스도의 생활 태도가 증거하고 있습니다.

"그리스도도 너희를 위하여 고난을 받으사 너희에게 본을 끼쳐 그 자취를 따라오게 하려 하셨느니라 저는 죄를 범치 아니하시고 그 입에 궤사도 없으시며 욕을 받으시되 대신 욕하지 아니하시고 고난을 받으시되 위협하지 아니하시고 오직 공의로 심판하시는 자에게 부탁하시며 친히 나무에 달려 그 몸으로 우리 죄를 담당하셨으니"(벧전 2:21-24)

그리고 이 말씀 바로 다음에 "아내된 자들아 이와 같이~"라고 말씀하고 계시는 것입니다.

"남편이 난폭하기 때문에, 복종하게 되면 우리 가족은 엉망진창이 된다"라고 걱정하시는 분도 계시겠지요. 그러나 난폭한 남편에게도 순종하도록 말씀하고 계십니다.

또 "남편이 무언가를 훔쳐 오라고 한다면, 그것에 순종하여 훔쳐 오라는 겁니까?"라고 묻는 분도 계시겠지요.

그러나 그것은 잘못된 것입니다. 남편의 요구가 성경의 요구와 대립될 때는 사람에게 순종하는 것보다 하나님께 순종한다고 하는 원칙이 적용됩니다. 그러나 이러한 극한 상황은 거의 일어나지 않습니다.

몇 번 거짓말하면 거짓말쟁이인가?

어느 부인이 카운셀링을 받으러 왔습니다. 이야기를 듣고 있으니까 '이 부인 정말 불쌍하구나. 그런 남편과 결혼을 하다니'라고 생각되었습니다. 다음날 남편이 카운셀링을 받으러 왔습니다. 이야기를 들어 보니 마찬가지로 '이 남편 정말 불쌍하군, 그런 부인과 결혼하다니'라고 생각되었습니다. 다음에 두 사람이 함께 왔습니다. 부인은 "나는 남편에게 순종하고 있어요"라고 하고, 남편은 "아내는 순종하지 않습니다"라고 말했습니다. 이야기를 듣고 있는 동안 다음과 같은 것을 알게 되었습니다.

실은 부부가 아이에게 보여 줄 TV 프로를 정해 놓았는데 어느 날 아내가 남편 몰래 다른 프로를 보여 주었던 것입니다. 남편은 이 사실을 알고 아내가 나에게 순종치 않는다고 생각했습니다. 한편 아내 쪽은 자기는 99% 순종하고 있으므로 '남편에게 순종한다'고 생각하고 있었습니다.

거짓말쟁이란 몇 번 거짓말하면 되는 것일까요. 99회의 사실을 말하는 사람일지라도 한 번 거짓말하면 거짓말쟁이가 됩니다. 이와 같이 99번 순종했더라도 한 번 순종하지 않는 일이 있다면 '아내는 순종하지 않는다'라는 것이 됩니다. 그러므로 한 치의 저항도 없는 순종이 중요한 것입니다.

'복종하다' = '경외하다'

아내에게는, 어느 성경 구절에서는 '복종' 하도록 요구되고, 어느 성경 구절에서는 '경외' 하도록 요구되어지고 있습니다(엡 5:33 참조). 만약 결혼 전 의 여성이 교제하는 남성을 경외할 수 없다고 말한다면 그 결혼을 그만두라고 충고할 것입니다. 존경할 수 없는 사람을 존경하는 것은 힘든 일이기 때문입니다.

그럼 결혼해 버린 사람은 어떻게 하면 좋을까요. 물론 이미 늦었다고 포기해서는 안 됩니다. 존경할 수 없는 사람을 존경하는 것이기 때문에 상당한 각오가 필요합니다만 불가능한 것은 아닙니다. 게다가 존경할 수 없으니 존경할 수 있을 때까지 기다린다는 것도 안 됩니다. 감정을 가진 후에 행동에 옮기는 것이 아니고, 그 반대로 실행하는 것이기 때문입니다.

다시 말해 의지력으로 순종하는 행동을 시작하는 것입니다.

이것을 실행해 나갈 때 남편에게는 존경하고 있다는 것도 전달되어집니다.

그러면 남편의 태도도 점차 바뀌어 갈 것입니다. 순종하는 것과 존경하는 것은 같은 것입니다. 중요한 것 하나는 태도! 그리고 행동하는 것입니다.

남편의 사랑은 생명 걸기

생명을 건 희생적 사랑

아내에게 요구되고 있는 것이 너무 어려운 것이기 때문에, "남편에게는 어떤 것이 요구되는 것입니까? 아내에게만 너무 요구되는 것은 불공평하지 않습니까!" 이런 질문이 나오는 것도 당연합니다. 실은 앞에서도 언급한 것처럼 남편에게는 훨씬 어려운 것이 요구되고 있습니다. 한 여성이 "나는 여자인 것을 정말 감사하고 있어요"라고 말했습니다. 남자는 여자 이상으로 힘든 것이 요구되고 있기 때문입니다.

남편에게 요구되고 있는 것은 그리스도가 자신의 생명을 희생하신 것처럼 아내를 사랑하는 것입니다. 아내는 순종만으로 되지만 남편은 그 아내를 위해 자신의 생명을 희생하지 않으면 안 되는 것입니다.

이렇게 생명을 희생하도록 말하여졌는데, 쓰레기를 내버리는 것조차 싫어한다는 것은 좀 어떨까요. 아내를 위해 좋아하는 골프나 TV 프로조차도 희생할 수 없다면 문제입니다. 아내 자신이 생명을 걸 만큼의 사랑으로 사랑받고 있다고 자각하면 순종하는 것 등은 문제도 아닐 것입니다.

사랑! 그것만으로 부부 관계는 변하지 않을 것이 되는 것입니다.

(l) 무조건의 사랑

그리스도의 사랑은 무조건적 사랑입니다. 수양을 쌓아 조금 좋아지면 내게 오라고 말하는 것이 아닙니다. 죄나 결점, 약점이 있는 그 모습 그대로 초청받고 있는 것입니다. 사랑받고 있는 것입니다. 남편은 이처럼 아내를 무조건으로 사랑하지 않으면 안 됩니다. 아내가 제대로 청소를 못하더라도 요리가 맛이 없어도, 빨래를 잘 못해도, 도저히 방법이 없다고 생각될지라도 무조건 사랑하는 것이 요구되고 있습니다.

(2) 목적을 가진 사랑

그리스도의 사랑은 더욱이 목적을 가진 사랑입니다. "교회를 깨끗하게 하사 거룩하게 하시고"(엡 5:26)라는 말씀처럼 우리 한 사람 한 사람을 얼룩이나 주름이 없는 흠 없는 사자 되게 하기 위하여 사랑해 주고 계십니다.

이처럼 남편은 아내를, 목적을 가진 사람으로 사랑해야만 합니다.

나는 남편하고만 카운셀링을 할 경우에 자주 이렇게 말씀드립니다.

"부부 관계가 이렇게 된 것은 당신의 탓이라고는 할 수 없지만, 당신 책임입니다."

아내가 성장하지 않는 것 같다면, 그것은 남편의 책임인 것입니다. 남편은 자기 자신의 성장만이 아니고 아내의 성장에도 배려를 하지 않으면 안 됩니다. 때로는 남편이 어린아이를 돌보아 주며, 하루 종일 아내를 자녀 양육으로부터 해방시켜 주는 것도 아내의 성장에 필요할지도 모르겠습니다.

(3) 헤아림의 사랑

"자기 아내 사랑하기를 제 몸같이 할지니"(엡 5:28)라든가 "오직 양육하여 보호하기를"(29절)의 말씀에서도 알 수 있는 것처럼 남편은 헤아림의 사랑으로 아내를 사랑해야 합니다.

"자기 아내를 사랑하는 자는 자기를 사랑하는 것이라"(28절)

이 말씀에서도 남편은 더욱더 자신을 사랑하지 않으면 안 되는 것을 알 수 있습니다. 다시 말해 자기의 아내를 사랑한다는 것은 자기를 사랑하는 것입니다. 아내를 사랑하지 않는 사람은 손해를 보고 있는 셈이 됩니다.

(4) 해소(解消)하지 않는 사랑

"그 아내와 합하여 그 둘이 한 육체가 될지니"(31절)

합한다는 것은 천국의 풀로 붙인다는 것입니다. 강력한 본드로 딱 붙여져 있기 때문에 무엇으로 해도 뗄 수가 없습니다.

문제가 일어나더라도 "이혼은 절대로 하지 않는다"고 결심한 부부는 반드시 그 문제를 해결해 갑니다. 부부는 서로를 '해소하지 않는 사랑', '이젠 그만이라고 말하지 않는 사랑'으로 사랑하지 않으면 안 됩니다.

문제의 해결

해결의 방법

(1) 상대를 변화시킨다

문제가 발생하면 우리는 금방 생각합니다. '저 사람만 변하면 문제는 해결된다.'

아내는 '남편이 술을 끊기만 하면', '남편이 좀더 친절하다면'이라고 생각합니다. 남편은 '아내가 조금만 잔소리를 안 하면'이라고 생각합니다.

이처럼 문제 해결법에서 자주 사용되는 것이 '상대를 바꾸려고 한다'는 것입니다.

결혼 전에 상대의 이런 점 저런 점을 바꾸었으면 하는 생각이 강해지면 그 결혼은 요주의입니다. 왜냐하면 결혼을 하면 그런 점들이 훨씬 많아지기 때문입니다.

결혼 생활에서는 치약 튜브의 어디를 눌러 짜느냐 하는 것만으로도 문제가 되는 겁니다. 자기는 아래서부터 짜는데 어째서 저 사람은 한 가운데를 눌러 짜는 걸까 하고.

어느 가정에서는 남편이 아래부터 짜고, 아내는 한가운데를 짜고 있었습니다. 어느 날 남편이 말했습니다.

"너는 날 사랑하는 거냐?"

"네, 사랑하죠!"

아내는 아직 무슨 말인지 알 수가 없어서 이렇게 대답했습니다.

"그럼 다음에 이를 닦을 때는 한가운데를 짜지 말고 아래부터 짜 줘."

아내는 "알겠어요"라고 대답했습니다.

그러나 다음날 여느 때처럼 습관적으로 한가운데를 짜고 말았습니다. 남편은 이것을 보고 화내는 대신에 이렇게 생각했다 합니다. '이게 저 사람이다. 어쩔 수 없지.' 그리고 나서 그 남자는 그녀를 바꾸는 것을 포기하고 받아들여 그 이상 책망하지 않았습니다. 그러니까 그녀의 습관은 어느 사이에 고쳐졌다고 하는 것입니다. 바꾸려고 하면 바뀌지 않는데 그냥 받아들이면 바뀐다고 하는 경우가 많이 있습니다.

어느 부부가 이런 에피소드를 잡지에 썼습니다. 남편이 바지를 벗을 때 속옷까지 함께 쑥 벗어서 그대로 두는 습관이 있었다고 합니다. 어째서 속옷까지 벗느냐고 물어 보니까 "다음에 다시 입기 쉬우니까"라고 대답. 부인은 그것이 신경에 거슬렸지만 어찌할 수 없었다 합니다.

그러나 그 후에 남편 습관을 인정하고 받아들였을 때 그 버릇도 고쳐지기 시작했다는 것입니다.

상대를 바꾸려고 하면 상대는 이것에 저항합니다. 변하지 않으려고 에너지의 모두를 저항하는 일에 낭비하는 것입니다. 그렇게 되면 에너지는 전혀 남지 않습니다. 따라서 결과적으로 아무것도 변하지 않습니다.

그렇지만 상대를 받아들이면 상대방도 저항하지 않아도 되기 때문에 에너지를 낭비할 필요가 없습니다. 역시 자신을 바꾸지 않으면 안 되겠다고 스스로 자연스럽게 생각한다면 이번에는 자기를 변화시키는 일에 에너지를 사용할 수 있습니다.

특히 여성이 남성을 변화시키려 할 때 문제는 커지게 됩니다.

이대로 남편을 방치해 두면 분명히 사업에 실패하여 도산할 것이다, 그러니 어떻게 해서든지 남편을 바꾸어야만 한다고 생각하는 입장에서조차도 아내가 남편을 바꾸려 하는 것은 문제입니다.

"이젠 적당히좀 하세요."

이렇게 아내가 남편의 주벽에 주의를 준다고 합시다. 남편은 그런 아내의 주의가 마음에 들지 않아 밖에서 불평 불만을 하며 여전히 마십니다. 그런데 밖에서 다른 여자에게 불만을 말하면 "어머, 이 사람 불쌍해"라고 동정받습니다. 그러다가 문득 정신을 차리면 이느새 깊은 관계에 빠져 있게 되는 것입니다.

바람이라는 것은 처음부터 바람을 피워야지 해서 하는 경우는 거의 없고, 이야기를 주고받는 사이에 문득 정신이 들어 보니까 그렇게 되어 있더라는 경우가 대부분입니다.

(ㄹ) 상황을 변화시킨다

문제 해결 방법의 두번째는 상황을 바꾸려고 하는 것입니다.

직장에서의 인간 관계가 나쁘면 직장을 그만두고, 선생님과 잘 안 맞으면 학교를 버리고 전학하며, 결혼 생활이 잘 되지 않으면 별거

이혼하는 등, 상황을 바꾸어 보아도 자기 자신이 본질적으로 변화되어져 있지 않기 때문에 다른 상황 속에서 또 이와 같은 문제가 일어날 가능성이 있습니다.

어느 여성은 알콜 의존증의 사람과 두 번에 걸쳐 결혼했으나 양쪽 모두 행복하지 못했습니다. 이 여성에게는 "내가 어떻게든 하지 않으면 이 사람은 망가져 버려"라는 의식이 있었던 것입니다. 그녀는 이 것을 느끼지 못했기 때문에 한 번 실패한 후에도 재차 같은 실패를 반복해 버린 것입니다.

재혼한 사람과 이야기하고 있으면 가끔 "전남편 쪽이 훨씬 말이 통했습니다"라고 하는 사람이 있습니다. 어쩌면 본인에게 재혼이라는 책임의식이 있어서인지는 모르겠지만 어쨌든 상황을 바꾸어 재혼했다고 해서 행복해진다는 보장은 없습니다. 상황을 바꾸는 것만으로는 근본적 해결이 되지 않습니다.

(3) 자신을 변화시킨다

문제 해결 중에서 가장 효과적인 것이 자신을 변화시키는 것입니다. 사람이나 상황이 변하지 않더라도 자신을 변화시키면 문제가 해결되는 경우가 자주 있습니다. 남편이 변하면 아내가 변하고, 아내가 변하면 남편이 변하고, 부모가 변하면 자식이 변하고, 자식이 변하면 부모가 변합니다.

저는 카운셀링에서 다음과 같은 질문을 합니다.

"문제가 이렇게 된 책임의 몇 퍼센트가 자기에게 있다고 생각하십니까?"

많은 분들은 반반이라고 말씀하십니다. 수치가 50%이건 5%이건 제가 하는 말은 정해져 있습니다.

"그러면 자기의 책임량만큼이라도 어떻게든 해 보기로 합시다."

자신을 변화시키는 것만이 확실한 방법입니다.

사랑은 전달되고 있는가

남편은 이상과 같은 마음으로 아내를 사랑하도록 명령받고 있으나 실질적으로는 그의 사랑이 자주 아내에게 전달되어지지 않고 있는 경우가 많습니다. 이것은 아내와 남편의 '사랑의 언어'에 차이가 있기 때문입니다.

남편은 열심히 일하여 아내에게 경제적 고생을 시키지 않으려고 하고 있습니다. 이것은 남편의 사랑입니다. 그러나 아내는 좀더 시간을 같이 보내고 싶다고 생각하고 있습니다. 서로의 사랑의 언어가 다른 것입니다. 남편은 아내의 사랑의 언어를 알고, 그 지식에 따라 아내를 사랑할 필요가 있습니다. 아내도 남편의 사랑의 언어를 앎으로 해서 사랑을 느낄 수 있게 됩니다. 아내 스스로도 맛없는 요리를 만들었다고 생각하고 있는데 아무 말도 없이 먹이 주는 것, 이것도 남편의 사랑입니다. 입으로는 사랑한다고 말하지 않지만, 아이를 아내 대신 잘 돌봐 주는 것, 이것도 사랑의 표현입니다.

옛날 이스라엘에서는 결혼한 남성에게는 1년간 병역이 면제되어 있었습니다. 처음 1년 동안이 아내를 어느 정도 알 수 있게 되는 기간이라고 생각할 수 있기 때문입니다.

"사람이 새로이 아내를 취하였거든 그를 군대로 내어보내지 말 것이요 무슨 직무든지 그에게 맡기지 말 것이며 그는 일 년 동안 집에 한가히 거하여 그 취한 아내를 즐겁게 할지니라"(신 24:5)

이것을 현대식으로 읽으면 이렇게 됩니다.

"사람이 새로이 아내를 취하였거든 그를 회사에 출근시키지 말 것이요, 무슨 일도 시켜서는 안 될 것이며, 그는 일 년 동안 유급 휴가를 얻어 그 취한 아내를 즐겁게 할지니라."

물론 이런 배려를 해 주는 회사는 없습니다. 그렇지만 원칙은 실행했으면 좋겠습니다. 신혼 1년째는 특별히 중요한 것으로, 이 사이에 남편은 아내를 알아야만 합니다. 아내가 어떻게 하면 기뻐하는지를 배우지 않으면 안 됩니다. 이것은 정신적으로 즐겁게 하는 것뿐만이 아니고, 성적(性的)으로도 즐겁게 하는 것을 포함하고 있습니다.

이와 같이 남편에게 요구되어지고 있는 것은 아내에 관하여 배우는 것입니다. 그것도 일반적으로 여성이 어떠한 것인가 하는 것보다는, 내 아내는 이러한 것을 바란다, 이것은 좋아하지 않는다라고 구체적으로 배우는 것입니다.

남편은 자기의 아내에 관해서는 권위자가 되지 않으면 안 됩니다.

결혼의 삼 원칙

"이러므로 사람이 부모를 떠나 그 아내와 합하여 그 둘이 한 육체가 될지니"(엡 5:31)

이 말씀 가운데 삼 원칙이 기록되어 있습니다. '떠나', '합하여', '하나가 될지니' 라는 것입니다.

(1) 떠나다

부모를 떠난다는 것은 반드시 별거를 의미하는 것이 아닙니다. 동거하고 있더라도 부모를 떠나 있는 경우도 있고, 별거하고 있어도 떠나 있지 않은 경우도 있습니다.

'떠나는' 것이 없으면 아내와 합하는 일도 없는 것이며 좋은 결혼은 기대할 수 없습니다.

부모와의 관계는 우리들에게 있어 아주 중요한 부분입니다. 그러나 그것조차도 떠나지 않으면 안 된다고 하는 것은 '결혼 관계는 모든 인간 관계 중에서도 가장 중요한 관계이다' 라는 것을 의미하고 있습니다.

어느 어머니가 아들에게 따지고들었습니다. 나를 취할 건가 며느리를 취할 건가 결정하라고 말입니다. 이 경우에 성경의 원칙은 분명합니다. 결혼 관계는 친자 관계보다 중요시되어야만 합니다.

어머니와 아들과 그 아내, 이렇게 세 명이 함께 일을 하고 있었습니다. 편의상 젊은 부부를 철수 씨와 영희 씨라고 부르겠습니다. 철수 씨의 어머니가 어느 때까지는 그 일을 관리 책임지고 있었습니다만 최근엔 철수 씨가 거의 모든 책임을 가지고 일을 추진하고 있습니다. 이 상황에서 영희 씨가 직면하는 문제는 남편과 시어머니의 의견이 달랐을 때 어떻게 하면 좋은가 하는 것입니다. 남편은 자기의 의견보다도 시어머니의 의견에 따르면 아주 화를 낸다고 합니다.

이와 같은 경우에 직장의 총책임자가 시어머니라면 철수 씨도 영희 씨도 어머니의 의견을 따라야 할 것이지요. 그러나 철수 씨가 총책임자로 되어 있다면 영희 씨는 남편을 따라야 하겠지요. 시어머니와 남편과의 사이에 의견의 차이는 당연히 있기 때문에 사전에 시어머니께 "그런 경우는 책임을 지는 입장에 있는 남편의 의견을 따르겠으니 부디 이해해 주십시오"라고 말해 두는 것도 한 가지 방법이겠습니다.

시어머니가 아니고 자기 부모와 남편과의 의견의 차이가 있는 경우도 원칙은 똑같습니다. 결혼 관계는 모든 인간 관계 중에서도 가장 중요한 인간 관계입니다. 부모보다도 남편을 우선시해야 되는 것이겠지요.

그러나 잊어서는 안 될 것은, 성경은 부모를 공경하는 것을 명확히 가르치고 있다는 것입니다. 부모를 공경하지 않는 사람에게는 장수도 행복도 약속되어 있지 않습니다. 부부 관계를 우선하면서 부모를 공경하기 위해서 때로는 긴장 관계를 피할 수 없는 경우도 있을 것입니다. 그러나 자기 배우자가 부모보다도 자기를 중요하게 여긴다고 확신할 수 있는 사람은 부모를 위해 뭔가를 참고 견디는 것도 그렇게 곤란하지는 않습니다.

(2) 합하다

'합하다' 라는 것은 앞에서도 말한 것처럼 '풀로 붙이다' 라는 의미를 가지고 있어 항구성을 나타내고 있습니다. 결혼 관계는 모든 인간 관계 중에서도 항구적인 관계인 것입니다.

(3) 하나가 되다

'하나가 될지니' 란 성적인 결합을 포함하여 모든 면에서의 일체입니다. 다시 말해 결혼 관계는 모든 인간 관계 중에서 가장 친밀한 관계인 것입니다.

성령의 지배를 받는다

그럼 부부간에 서로 요구되어지고 있는 것이 무엇인지 이해가 되었을 것입니다.

부부 모두 큰 결심이 필요합니다. 그러나 결의만으로는 불충분합니다. 설명서인 에베소서에 의하면 모든 것을 가능케 하는 '성령 충만함을 받는 것'(엡 5:18)에 있습니다.

술에 취해 있는 사람은 술의 지배를 받습니다. 술의 지배를 받고 있는 사람은 행동이나 그 말에 그 영향이 나오게 됩니다. 취하지 않았다 하더라도 그 말이나 걷는 것을 보면 알 수 있습니다. 성령 충만해 있는 사람도 마찬가지입니다.

성령 충만해 있는 사람이란 그리스도가 마음의 왕좌를 차지하고 계시는 분을 말합니다. 그리스도의 지배 하에 있는 사람은 그 사람의 생활 방식에 그것이 나타나게 됩니다. 또한 그리스도가 지배하실 때 자기가 할 수 없던 것을 그분의 힘으로 할 수 있게 됩니다. 그것은 자기 중심에서 해방되는 것입니다.

한 주부의 이야기입니다. 남편이 상사로부터 전근 이야기를 듣게 되었습니다.

지금 살고 있는 곳은 부인 친정에도 가깝고 좋은 친구와 교회에 둘러싸여 더할 나위없이 좋은 곳이었습니다. '아내가 반대하겠구나' 하고 생각하며 남편은 그 이야기를 생각만 하고 있었습니다. 그러나 아무래도 그 전근을 받아들여야 할 것이라 생각한 남편은 어느 날 과감히 부인에게 이야기해 보았습니다. 그러니까 부인으로부터 뜻밖의 대답을 들을 수 있었습니다. "당신이 기도하고 결정한 것이라면 나는 좋아요."

후일에 그 부인은 친구에게 "그 때 내 입에서 어떻게 그런 말이 나왔는지 모르겠어"라고 했답니다. 그 부인은 성령 충만해 있었던 것입니다. 그러므로 자신도 놀랄 만한 말을 할 수 있었던 것입니다.

그리고 나서는 이 부부의 관계는 정말 달라지게 되었습니다. 싸움을 하지 않게 된 것은 말할 것도 없고, 어느 날 남편이 부인에게 이렇게 말했습니다. "내 결혼 생활 중에서 그렇게 기쁘다고 생각했던 날

이 없었다"라고. 성령 충만해 있는 사람의 생활에는 놀랄 만한 일이 일어나는 것입니다.

그러나 반대로 "성령의 지배를 받고 있습니다" "그리스도의 지배를 받고 있습니다"라고 말하면서 아내가 남편에게 복종하지 않는다면 그것은 가짜입니다. 남편이 아내를 사랑하고 있지 않다면 가짜입니다. 자녀가 부모에게 순종하지 않는다면 가짜입니다. 신앙이 진짜라면 일상 생활의 부부 친자 관계에 반드시 영향을 줄 수밖에 없기 때문입니다.

"내가 그리스도와 함께 십자가에 못박혔나니 그런즉 이제는 내가 산 것이 아니요 오직 내 안에 그리스도께서 사신 것이라 이제 내가 육체 가운데 사는 것은 나를 사랑하사 나를 위하여 자기 몸을 버리신 하나님의 아들을 믿는 믿음 안에서 사는 것이라"(갈 2:20)

니시다 이꾸타로우(西田幾太郞) 박사는 이 성경 구절이야말로 기독교의 진수를 전달하는 중요한 것이라고 지적하고 있습니다.

모든 사람이 안고 있는 자기 중심성의 문제는 이 십자가의 체험에 의해 처리되는 것입니다. 이 성경 말씀을 체험할 때에 보다 나은 부부 관계가 약속되어지는 것입니다.

제 2장

부부의 커뮤니케이션

사랑의 전달법

사랑의 전달은 어렵다

제1장에서도 취급한 것처럼 부부간에는 '사랑의 언어'의 차이가 문제를 복잡하게 합니다. 여성은 말로 표현되어야 사랑을 느끼는 사람이 많은 것 같습니다.

어느 남편이 이것을 듣고 집에 돌아가자마자 금방 아내에게 "사랑해"라고 말했다 합니다. 그러나 아내는 "저는 믿을 수 없어요"라고 대답했다 합니다.

확실히 "말로 하면 사랑을 느낄 수 있으니까 말해 주세요"라고 부탁하면 남편도 말해 줄지는 모르겠습니다. 그렇지만 후에 말해 주었다고 해도 아내는 여전히 확신을 가질 수 없습니다. 그건 부탁하니까 말해 준 것이 아닐까, 말해 주었으면 좋겠지만 부탁할 수도 없고⋯. 여자는 딜레마에 빠지는 것입니다.

"이렇게 고생시키지 않으려고 열심히 일하면서 돈 벌어다 주고 있

는데 이래도 사랑하지 않는다고 하는 건가"라는 남편과,

"하지만 당신! 사랑한다고 말하지 않잖아요"라는 아내.

"거짓말하지 마. 말했잖아, 결혼하기 전에."

"하지만 그건 20년 전의 이야기잖아요."

"그 때 이후 취소한 적 없으니까 아무 말 하지 않은 게 아니라구."

우스갯소리 같은 이야기입니다.

어느 세미나에서 숙제가 주어졌습니다. 남편은 아내에게 일주일 동안 최저 한 번은 애정 표현을 하라는 것이었습니다.

한 남자는 마지막 날까지 숙제를 미루고 드디어 토요일 아침 집을 나서기 전에 아내의 얼굴을 보고 어색하게 말했습니다. "사랑해." 이 것을 들은 아내가 놀라서 말했습니다. "당신 괜찮아요?"라고. 사랑의 말도 아내의 심장을 생각해서 너무 놀라게 하지 않는 것이 현명할지도 모릅니다.

어느 아내는 애정을 표현할 작정으로 그 주간에는 정말 깨끗이 방을 청소하였습니다. 그러나 남편에게는 아무것도 전달되어지지 않았습니다.

커뮤니케이션이란 어려운 것입니다. 아담과 하와가 만난 후의 일을 상상해 봅시다.

아담은 하와를 처음 보았을 때 "이는 내 뼈 중의 뼈요 살 중의 살이라"라고 외쳤습니다. 현대풍으로 말한다면 뼈까지 사랑하게 되었다라는 느낌입니다.

두 사람의 관계는 세월이 흐르는 사이에 어떻게 되어 간 것일까요. 이하는 제 추측입니다.

서로 붙어 있는 듯이 걷고 있었던 아담과 하와도 어느 때부터인지는 모르지만 드디어 아담이 앞서서 걷게 되었을지도 모릅니다. 외로

움을 느낀 하와가 말합니다.

"아담, 날 사랑하고 있어?"

아담은 말합니다.

"너밖에 누가 있다고 그런 말을 하니."

분명히 에덴 동산에는 하와 이외의 여자가 있을 리 없습니다. 그러나 아무래도 확신을 할 수 없는 것입니다. 어느 날 밤 아담이 잠들어 있을 때에 하와는 불쑥 일어났습니다. 그리고 아담의 갈비뼈를 세기 시작했습니다.

"하나, 둘…"

여기서 웃을 수 있는 사람은 성경의 지식을 가지고 있는 사람입니다. 아담의 갈비뼈에서 만들어진 하와는 어쩌면 다른 갈비뼈에서 만들어진 다른 여자가 어디엔가 있을지도 모른다고 의심하게 된 것입니다.

이것은 물론 모두 창작한 이야기입니다. 성경에 씌어 있는 것은 아닙니다. 그렇다 하더라도 사랑은 전달되어지기 어려운 것은 사실인 것입니다.

비언어적 요소가 중요

비언어적 요소란 목소리의 상태, 표정, 태도 등을 말합니다. 말과 비언어적 요소가 일치하지 않을 때 우리들은 본능적으로 비언어적 요소가 진실이라고 느낍니다.

"당신 날 사랑하고 있어?"라는 아내는 "그래 사랑해! 사랑해!"라는 남편의 그 목소리로부터 말과는 다른 것을 캐취합니다.

방 저쪽에서부터 엄마의 목소리가 들려옵니다.

"여기 있어도 괜찮지만 방해하지마!"

어린아이에게 말하고 있는 것 같은데 그 목소리는 위압적입니다. 비언어적 요소로부터 사람을 밀어내는 듯한 그 어떤 것을 느끼게 됩니다.

어느 주부 되시는 분이 카운셀링을 받으러 왔습니다.

"저는 남편에게 순종하고 있는데…."

그러나 이렇게 말씀하시는 목소리의 상태에서 지배적인 여운이 담겨 있음을 느낄 수 있었습니다.

우리들은 스스로 느끼지 못하지만 많은 부정적인 요소를 전달하고 있습니다.

나는 세미나 등에서는 「결혼 커뮤니케이션 목록」을 사용합니다. 그래서 부부가 서로 상담하기 전에 먼저 상대방에 대해 점검(Check mark)을 하도록 합니다. 나중에 서로의 것을 바꿔 보다가 상대방의 '목소리에 초조하게 하는 무언가가 있다'고 하는 항목에 표시를 한 것을 보며 깜짝 놀라는 부부도 있습니다.

권말의 「결혼 커뮤니케이션 목록」을 사용하여 부부 관계의 재고 조사를 해 보는 것이 어떨는지요. 부부가 특별히 이것이라 정하여 이야기할 거리가 없더라도 둘이 앉아서 이야기를 하는 경우가 자주 있다면 비교적 잘 하고 있는 부부라 생각합니다.

커뮤니케이션의 훈련

결혼 1년째가 가장 중요

결혼 연수와 커뮤니케이션과의 관계를 조사해 보면 결혼 연수가 길면 길어질수록 두 사람 사이의 대화는 적어져 가는 것 같습니다. 결혼 1년째가 가장 많이 커뮤니케이션을 할 수 있는 시기일지도 모릅니다. 이 시기에 좋은 커뮤니케이션을 갖지 못한다면 그 후의 결혼 관계가 어떻게 될는지는 대충 예상할 수 있습니다.

이제부터 결혼하는 젊은 커플들에게 저는 '결혼 1년간은 텔레비전을 갖지 않도록' 말하고 있습니다. TV가 없으면 그만큼 두 사람이 커뮤니케이션할 기회가 많아집니다. 어린아이도 어릴 때는 TV가 없음으로 해서 부모 자식이 함께 놀 수 있는 기회가 많아질 것이 분명합니다.

커뮤니케이션의 수준 (Level)

커뮤니케이션에는 얕은 수준에서 깊은 수준까지 있습니다.

(1) 틀에 박힌 대화의 수준(Cliche)

"건강해요?"

"응, 덕분에."

"그 옷 어울려요."

"고마워."

이것들은 흔하디흔한 대화입니다. 여기에서 한 걸음 전진하면 사실 보고의 수준이 됩니다.

(2) 사실 보고의 수준(Fact)

누가 무엇을 했다, 무엇을 말했다, 어디어디서 바자회가 있다, 무엇을 샀다 등의 커뮤니케이션입니다. 이 레벨까지는 아직 진정한 커뮤니케이션이라 말할 수 없습니다.

(3) 자신의 생각을 말하는 수준(Opinion)

자신의 생각이나 결의를 말할 수 있게 되면 진정한 커뮤니케이션의 시작이라고 할 수 있습니다. 즉 이것은 사실만을 말하는 것이 아니라 자신의 개인적 생각을 말하는 수준입니다.

(4) 자신의 감정을 표현하는 수준(Emotion)

프로야구 경기에서 "OB 베어 팀이 이겼어"라고 말하는 데 그치거나 "그것은 관리 야구의 효과가 나타난 거라 생각해"라고 자신의 생각을 말하는 것만이 아니고, "이만큼 기쁜 일은 없어"라고 자신의 감정을 표현하는 수준입니다.

(5) 개인적, 정동적(情動的) 수준 (Transparency)

개인적, 정동적 커뮤니케이션은 가장 깊은 수준의 것입니다. 이것은 자신의 고민까지 투명하게 말할 수 있는 정직한 커뮤니케이션입니다.

남녀에 의한 차이

커뮤니케이션에도 남녀의 차이가 있습니다. 남자는 어느 쪽인가 하면 이지적인 커뮤니케이션이 많다고 말할 수 있습니다. 이지적이란 머리가 좋다고 하는 것이 아니고 감정을 여간해서 표현하기 힘들다는 것입니다.

그 반대로 여성은 정동적 커뮤니케이션이 많은 것 같습니다.

남자의 패턴   여자의 패턴

(理知的) 이지적   (情動的) 정동적

남자는 꽃을 받아들고 "고마워" 정도는 말할 수 있지만 여자만큼 자신의 감정을 표현하는 것이 어렵습니다. 여성이라면 "어머, 장미꽃은 내가 좋아하는 꽃이에요. 와! 좋은 향기! 기뻐요. 고마워요." 그 기쁨의 표현은 끝이 없을 정도입니다.

남자의 경우는 "해태 타이거즈 팀이 이겼어!"라고 해도 "그래서 당신은 어떻다는 거예요? 기뻐요, 슬퍼요? 어느 쪽이예요!"라고 물어 볼 필요가 있을 정도입니다. 남자는 좀더 정동적 접근을 할 수 있도록 커뮤니케이션의 폭을 넓힐 필요가 있습니다.

남편과의 커뮤니케이션이 없으면 아내는 정말로 만족할 수가 없습니다. 아내는 남편과의 커뮤니케이션을 원하고 있는 것입니다.

이것 없이는 진정한 행복이 없습니다. 부부가 하루 10분이나 20분이라도 시간을 정하여 무엇이든 서로 이야기할 수 있다면 보다 좋은 부부 관계를 이룰 수 있습니다.

거짓 커뮤니케이션

가벼운 기분으로 한 거짓말이 낳는 어긋남

신혼 여행 도중에 철수가 영희에게 말했습니다.

"영희 씨, 무얼 먹고 싶어?"

영희 씨는 당연히 로맨틱한 장소에서 추억에 남을 만한 것을 먹고 싶었습니다. 그러나 입에서 나온 말은 달랐습니다.

"철수 씨, 저 아무거나 좋아요."

아무것이나 좋다는 말을 들은 철수 씨, 그러면 '국수라도 먹을까' 라고는 생각하지 않았다 하더라도 그냥 자연스럽게 눈에 띄는 햄버거 가게에 차를 세웠습니다. 로맨틱한 햄버거 가게 따위는 그리 있을 리 가 없습니다. 영희 씨는 이렇게 생각합니다.

'참, 기막혀. 철수 씨를 잘못 봤어. 결혼하기 전에는 쩨쩨하지 않 더니 결혼하자마자 이렇게 변하다니.'

영희 씨는 게다가 이렇게 생각합니다.

'철수 씨가 정말로 나를 사랑하고 있다면 내 기분은 말하지 않더라

도 알 수 있을 텐데.'

결혼해서 몇십 년 지나도 이렇게 생각하고 있는 사람이 있습니다. 그러나 아무리 결혼한 지 오래되었다고 해도 말하지 않으면 알 수 없는 일이 많이 있습니다. 문제는 영희 씨의 커뮤니케이션에 있습니다. 영희 씨는 로맨틱한 장소에서 추억에 남을 만한 것을 먹고 싶다고 생각하면서 거짓말을 한 것입니다.

철수 씨와 영희 씨의 결혼 전의 커뮤니케이션 패턴을 좀더 보기로 합시다.

"영희 씨, 바다 낚시 가지 않을래?"

"바다 낚시, 어머 멋있어. 가요. 기뻐요."

영희 씨는 서둘러 도시락을 만들어 두 사람은 즐거운 하루를 보냈습니다.

결혼하고 나서 한참 지난 뒤 철수 씨는 영희 씨에게 말했습니다.

"영희, 바다 낚시 가자."

"바다 낚시 나 별로 좋아하지 않아."

"결혼하기 전에 좋아한다고 했잖아!"

이렇게 해서 싸움 개시의 종이 울립니다.

또 이런 일도 있습니다.

"철수 씨, 음악회 가지 않을래?"

"음악회? 좋지. 마침 가고 싶어하던 중이야."

이렇게 하여 두 사람은 즐거운 시간을 음악회에서 보냈습니다.

결혼한 지 한참 지난 후 영희 씨가 말합니다.

"여보, 콘서트 티켓이 있는데 가지 않을래요?"

"나 음악회 좋아하지 않아."

"어머, 결혼하기 전에는…."

이렇게 해서 또 싸움의 종이 울립니다. 진실하지 않은 커뮤니케이션의 패턴이 몸에 배어 버린 것입니다.

내 친구 중에 "식사 아직 안 하셨죠?"라고 물으면 "예, 식사하고 왔습니다"라고 대답하는 사람이 있었습니다. 그렇지만 저는 그가 아직 식사를 안 했다는 것을 알고 있었습니다. 폐를 끼치고 싶지 않다는 그의 기분은 잘 이해할 수 있었습니다만, '어쩌면 이 사람 나한테도 거짓말을 하고 있는지도 몰라' 라고 느꼈습니다.

그리고 그것은 맞아떨어졌습니다.

진실을 말하자

신혼 몇 개월 후 친정에 간 영희 씨가 남편에게 전화를 하였습니다. 그런데 계속 전화를 하여도 남편은 받지 않는 것입니다.

이상하게 생각한 영희 씨는 집에 돌아가서 어디에 가 있었느냐고 물었습니다.

"아, 그 때 T씨를 만나고 있었어."

이런 얘기를 듣고는 뭔가 시원치 않은 영희 씨는 T씨에게 물어 보았습니다.

그러니까 T씨는 그 시간에는 만나지 않았다고 말하는 것이었습니다.

"아! 잘못 생각하고 있었어. 그 날은 일하러 나갔었어."

"하지만 당신, 그 날은 일요일이고 회사는 쉬는 날이잖아요."

"응, 일요일이라도 관리인에게 말하면 아무 때라도 열어 주니까."

영희 씨가 관리인에게 물어 본 것은 말할 것도 없습니다.

“그 일요일에는 아무도 보이지 않았는데요.”

영희 씨의 충격은 참으로 컸습니다.

“남편은 내게 무언가 감추고 있어. 무얼까? 돈일까? 여자일까? 도박일까?”

고민하고 고민한 끝에 이혼을 각오하고 카운셀링 센터를 방문했습니다.

짧게 말씀 드리면 돈도 여자도 도박도 아니었습니다. 무슨 사정으로 전화가 울려도 응답하지 않았을 뿐이었습니다.

이 부부는 이것을 계기로 서로에게 대하여 진실할 것을 맹세하였습니다.

결혼 초기에 이 부부는 고통스러웠지만 정말 중요한 교훈을 배우게 되었습니다. 결혼 후 몇 년 지나도 진실하지 못한 부부가 많은 이 세상에 이 두 사람의 앞으로의 행보가 기대됩니다.

사랑을 가지고 말하자

진실을 말하는 것이 귀중함을 지적하니까, 그러면 잘됐다고 생각하고서 말하지 않아도 좋을 것을 말하는 사람이 있습니다.

“진실을 말하라고 해서 말하는데, 당신 그 블라우스 안 어울려.”

진실은 조금 틀기만 해도 진실이 아닌 것이 됩니다. 하나에서 열까지 사실을 말하면 된다는 것이 아닙니다. ‘사랑을 가지고 말하는 것’이 필요합니다.

예수 그리스도도 은혜와 진실에 충만하셨다고 기록되어 있습니다. 진실만을 내뱉는다고 되는 것이 아닙니다. 암 환자에게 대하여 암 선고를 하는 데도 선고의 시기나 방법이 있는 것이기 때문입니다.

사랑이 없는 진실은 사랑을 상처입힙니다. 때로는 사랑이 전달되지 않고, 진실이 사람을 상처입히는 경우가 있습니다. 물론 그렇다고 해서 진실을 왜곡해도 된다는 것이 아닙니다.

"그런즉 거짓을 버리고 각각 그 이웃으로 더불어 참된 것을 말하라"(엡 4:25)

우리들의 인생에서 분명히 거짓을 버리기로 결심하지 않으면 안 됩니다.

부부가 서로 지금까지 진실하지 않았다고 한다면 이 시점에서부터는 거짓을 버린다고 하는 일대 결심이 필요합니다. 부모 자식 간에도 이것이 필요합니다. 이것이 "너희가 서로 거짓말을 말라 옛사람과 그 행위를 벗어 버리고"(골 3:9)의 행함인 것입니다.

'옛사람'을 벗어 버린 사람은 더 나아가 '새사람'을 입는 행위가 필요하게 됩니다. 이것이 진실을 말한다고 하는 것입니다. 거짓말을 하던 사람이 거짓말을 하지 않게 되는 것만으로는 아직 진짜가 아닙니다. 그가 진실을 말하기 시작할 때에야 비로소 거짓말쟁이가 아니게 되는 것입니다.

엄마의 말을 믿을 수 없게 된 딸이 있습니다. 한 번 엄마가 진실하지 않다는 것을 알게 된 후 믿을 수 없게 된 것입니다. 거짓말쟁이가 되기 위하여서는 여러 번 거짓말을 할 필요가 없습니다. 한 번 거짓말을 하면 그것으로 충분합니다.

비판에 의해서는 성장하지 않는다

약혼자인 영희 씨에게 철수 씨가 말했습니다.

"나는 나의 나쁜 점을 고치고 싶으니까 무엇이든 느낀 것을 말해 주었으면 좋겠어. 나도 너에 관해 느낀 것이 있으면 주의를 주기로 할게."

이것을 계기로 철수 씨는 영희 씨에게 여러 가지 주의를 주게 되었습니다. 그러는 가운데 영희 씨는 심지어 젓가락 쓰는 것에 이르기까지 주의하게 되었습니다. 결혼 전 카운셀링을 받으러 온 영희 씨는 이 결혼에 대해 완전히 자신을 잃고 말았습니다.

철수 씨로부터 하나하나 주의받는 사이에 주눅이 들어 버렸던 것입니다. 무엇 하나 격려받는 것 없이 비판만 하는 것에 대해 철수 씨에 대한 존경심마저 흔들리게 되었습니다.

물론 철수 씨의 의도는 잘 알지만, 아무리 좋은 의도가 있더라도 비판이 주는 영향은 항상 같은 것입니다. 영희 씨에게 전달되고 있었던 메시지는 부정적인 것이었습니다.

결혼은 비판 허가증?

보통 결혼하기 전까지의 커플은 서로 그다지 비판하지 않는 것 같습니다.

교제 중에 상대방의 비판이 자꾸 쌓여 저 사람의 이런 점 저런 점도 바꿨으면 좋겠다는 생각이 강해진다면 그 결혼은 요주의해야 합니다. 결혼하면 더 많이 심하게 될테니까요.

많은 사람들은 결혼에 의해 비판 허가증을 손에 넣었다고 생각하고 있습니다.

결혼하기까지는 참았다가 결혼과 함께 비판을 개시합니다. 결혼해서 20년 지나도 변함없이 아내를 이상적인 여성에 가깝게 하려고 비판을 계속하고 있는 남편이 있습니다. 이 경우 아내가 대단히 좋은 사람이기에 그럭저럭 해 나가고 있지만 그렇지 않고 보통 아내였더라면 그 부부 관계는 벌써 파탄에 이르렀을 것입니다.

결혼이 비판 허가증을 손에 넣게 하는 것은 아닙니다. 또 두 사람의 관계가 길면 길수록 허가증의 효력도 강하나고 생각해서는 안 됩니다. 관계를 빨리 해치는 방법은 우선 서로 비판하는 것입니다.

사람에게는 모두 끝없는 권력의 욕구가 있습니다. 이것을 악용한다면 사람을 비판하고 사람을 바꾸는 일에 전념하는 것도 됩니다. 직장에서도 가정에서도 이것 때문에 많은 인간 관계가 파손되고 있습니다.

좋은 인간 관계를 보면 거기에는 비판이 없습니다. 친자 관계에서도 부부 관계에서도 거기에는 비판과는 거리가 먼 존경과 배려가 있습니다.

가족의 인간 관계가 제대로 되지 않는 이유의 대부분은 가족이 비판에 푹 젖어 있기 때문입니다. 우리들은 친해지면 친해질수록 상대를 비판하는 경향이 있습니다. 가족 관계가 제대로 되지 않는 이유는 여기에 있습니다.

비판은 말뿐이 아닙니다. 무언의 비판도 있습니다. 눈을 딴데로 돌리거나 딴곳을 쳐다보는 것으로써 "당신 따위에게는 귀를 기울일 가치가 없어요"라고 비판하는 것이 됩니다.

저는 직업상 사람들의 고민에 귀를 기울이고 있습니다. 부부 관계, 친자 관계, 직장의 인간 관계에 관한 사람들의 고민에 귀를 기울이면서 최근 심각히 생각합니다. '건설적'이라고 불리워지는 비판도 그다지 '건설적'이지는 않다는 것을 말입니다. 자신에게 있어서 건설적인 비판도 어차피 상대방에게는 단지 비판이고, 많을 경우 싫어서라고밖에 취급받지 못합니다. 사람은 비판받을 때 자신과 상대 사이에 커다란 간격을 느껴 버리고, 이것이 바로 사람이 커다란 동요를 하게 만드는 것입니다.

비판은 사람을 상처 입힐 뿐

사람은 비판에 의해서는 성장하지 않습니다. 제 자신도 이것 때문에 실패하였습니다. 나는 어느 땐가 친구를 무슨 일로 비판했습니다. 그는 벌컥 화를 냈습니다. 그가 비판에는 특별히 약하다는 것을 내 나름대로 알고 있었지만, 어떤 계기로 인해 함께 일하게 되어 아무래도 비판 비슷한 말을 두세 마디 하게 되었던 것입니다. 당연히 비판에는 비판이 돌아옵니다. 그는 나를 피하게 되고 무언의 비판이 그 안에 있었습니다.

사람은 비판으로 자라지 않습니다. 비판을 해도 좋을 때가 있다고 한다면 더이상 이 사람과는 만나는 일이 없을 것이라는 다짐의 상황일지도 모릅니다.

또 내가 교사라면 학생에 대한 비판은 용납될 것입니다. 나와 학생은 대등한 입장이 아니기 때문입니다. 내가 상사라면 부하는 내 비판에 조금은 귀를 기울일지도 모릅니다. 그러나 이 입장에서조차도 학생도 부하도 권력에 대한 욕구를 주장함에 따라 비판을 환영하지 않게 됩니다.

내가 부모로서 아이를 가르칠 수 있는 것도 열두 살이나 열세 살 정도가 한계라고 생각합니다.

그 위 연령의 아이에게 아무리 좋은 의도로 센스있는 말을 했다 하더라도 내 의도는 우선 전달되지 않을 것입니다. 비판의 문제점은 의도의 좋고 나쁨이 아니고, 의도가 전혀 이해되어지지 않는다는 것입니다.

사람은 누구나 권력의 욕구가 있고 비판은 이것과 서로 양립될 수 없습니다. 비판함으로 해서 그 사람의 권력에의 욕구는 채워질지 모르지만 그것을 받는 쪽은 반대로 권력의 욕구가 서하되고 마는 것입니다.

남편에 대한 어느 아내의 비판은 정말 듣기에 견딜 수 없는 것이었습니다.

"바보, 멍청이, 얼간이, 기분 나빠…." 이런 말을 듣고 둘 사이의 관계가 좋아질 리는 없습니다. 이 아내는 자신이 하고 있는 말이 도움이 되고 있는지를 생각해 볼 필요가 있습니다.

도움이 되지 않는다면 다른 행동 계획을 세워야만 합니다.

다른 사람의 비판일 경우엔 그나마 도망쳐 피하면 됩니다. 그러나 자기 비판에는 탈출구가 없습니다. 자신의 인생을 제대로 콘트롤하기 위해서는 다른 사람을 비판하지 않을 뿐만 아니라 자기 자신도 비판하지 않도록 습관을 들이지 않으면 안 됩니다.

"다른 사람이 충분히 나를 비판해 주므로 나는 자신을 비판하지 않기로 했습니다." 이런 모토를 내걸었으면 좋겠습니다.

상사가 부하를 접할 때 역시 비판하지 않고도 지도할 수 있는 기술을 익혀야만 합니다. "일 관계상 자네와 둘이서 검토해 보고 싶은데 잘 되고 있는 점과 그렇지 않은 점이 어디에 있는지에 관해 생각해 보세. 자네는 어떻게 생각하지?"

부하는 여기에서 자신의 약점을 스스로 발견할 기회를 갖게 됩니다.

이런 기회가 없이 처음부터 비판받게 되면 콘트롤을 상실하게 됩니다. 콘트롤을 상실하면 사람은 그것을 되찾으려고 흥분합니다. 상사와 부하는 생산성을 높이기 위한 대화를 할 수 없게 됩니다.

아이가 기상 시간에 일어나지 않으면 엄마가 깨우러 갑니다.

"시간 됐어요"까지는 좋습니다만, "왜 그렇게 꾸물거리니", "넌 어쩔 수 없는 애구나" "잠꾸러기" 등은 비판이 됩니다.

이런 경우엔 비판하기보다는 필연적인 결과를 체험시키는 편이 효과적입니다. 서로 이야기하여 "내일은 깨우지 않겠어"라고 했다면 깨우지 말아야 합니다. 아이는 일어나지 않으면 아침을 못 먹고 등교하든지 지각하든지 할 것입니다. 자연적인 결과를 경험하고 배워 나가는 것입니다. 그 날이 소풍 가는 날이라면 효과는 훨씬 좋다고 생각합니다.

결혼 생활에서의 비판은 결혼이라는 관에 못을 박는 것과 같습니다. 그렇게 비판 속에서 살아가는 가정에서는 아침 저녁으로 훌륭한 관이 완성되어 갈 것입니다.

부부 싸움에도 방법이 있다

HOW TO 부부 싸움

부부 싸움에도 분명한 규칙이 있습니다. 예를 들어 싸움을 하더라도 부부 사이에 커뮤니케이션 채널이 열려져 있으면 어떤 문제라도 해결할 수가 있습니다. 커뮤니케이션이 막혀져 버리는 것은 싸움의 방법에 문제가 있는 것입니다.

한 커플은 신혼 여행지에서 싸움을 시작하여 마침내 1년 뒤에는 헤어지게 되었습니다. 싸움은 보통 결혼하고 나서부터 시작됩니다만 결혼 전부터 항상 싸움을 하고 있는 커플은 주의를 요합니다. 결혼하고 나면 더 많이 싸우게 될 것이니까요.

그러면 싸움은 하지 않는 편이 좋을까요. 어느 날 카운셀링을 받으러 젊은 한 쌍이 나타났습니다.

"저희들은 싸움을 한 적이 없습니다. 그렇지만 헤어지고 싶습니다."

싸움을 하지 않는 것이 좋은 것은 아닙니다. 경우에 따라서는 싸움을 하는 편이 좋은 커플도 있을 것입니다. 다만 싸움을 한다면 올바른 방법으로 해야만 합니다.

옛날에는 부부 싸움을 하지 않는 것을 이상으로 여기는 의견이 주류를 이루었습니다. 그러나 지금은 올바른 부부 싸움의 방법을 가르치도록 되었습니다.

부부 싸움의 나쁜 예

남편 : "무슨 밥이 이래. 이런 건 들고양이도 안 먹겠다."

아내 : "당신, 그 월급 타 오면서 어떻게 그런 말 할 수 있어."

남편 : "내 월급하고 무슨 상관이야. 네 낭비벽을 고치면 돼."

아내 : "그런 당신의 습관은 어떻고. 양말은 오른쪽 왼쪽이 각각 다른 방에 벗겨져 있고, 그것을 챙기며 돌아다니는 것은 누군데."

남편 : "너 그따위 말버릇은 뭐야. 응ㅡ. 네 엄마하고 꼭 닮았구나!"

아내 : "그런 당신 집은 어떤데! 수다스런 어머니, 예의도 모르는 여동생에, 게다가…."

남편 : "야, 시끄러워! 너같이 제대로 되먹지 못한 주제에 어떻게 그런 말을 하니. 요리뿐이 아니야. 청소, 세탁, 뭘 하든지 간에 하는 둥 마는둥. 거기에다 불감증까지. 난 완전히 속은 셈이야."

아내 : "어휴 분해."

(아내는 여기에서 접시를 던지고, 접시가 멋있게 깨진다.)

남편 : "나가 버려!"

아내 : "뭐라고 하는 거야! 나갈 사람은 당신 쪽이야. 여기가 누구 집이라고 생각하는 거야."

이 정도 나쁜 본보기는 여간해서 보고 듣기 힘들 거라 생각합니다만, 집에 따라서는 주말의 행사처럼 되어 버린 곳도 있습니다. 부부 싸움으로 유혈 소동을 일으키기도 하고 2층에서 떨어져 사망했다고 하는 일도 듣습니다. 부부 싸움에는 방법이 있습니다.

부부 싸움의 십계

(1) 진실을 말한다

전 장에서 성경은 결혼 관계의 설명서라고 말했습니다. 이 설명서로부터 싸움의 원칙을 배우기로 합시다.

"그런즉 거짓을 버리고 각각 그 이웃으로 더불어 참된 것을 말하라"(엡 4:25)

보통의 인간 관계라면 다소의 거짓이 있더라도 그 관계가 계속되고 있는 경우도 있겠지요.

그러나 부부간에 진실이 없다면 큰일입니다. '거짓을 버린다'는 것은 진실을 말하기 이전에 되어져야만 합니다.

이 성경 구절에서는 그리스어의 특수한 시제가 사용되어져 있고 그것은 어느 시점에서 한 번만 행하지 않으면 안 되는 것을 의미합니다.

다시 말해 어느 때부터 시작하여 그 이후에는 거짓을 말하지 않는다고 하는 확고한 결심을 가지고 걸어간다는 것을 의미합니다. 거짓은 진실한 커뮤니케이션을 방해합니다. 부부 싸움을 해도 거짓은 안 됩니다. 돌이킬 수 없는 사건이 되기 때문입니다.

(ㄹ) 분노를 콘트롤한다

"분을 내어도 죄를 짓지 말며 해가 지도록 분을 품지 말고"(엡 4:26)

분내는 그 자체는 죄가 아닙니다. 죄를 범치 아니하셨던 그리스도도 화내신 적이 있다고 기록되어 있습니다.

"저희 마음의 완악함을 근심하사 노하심으로 저희를 둘러보시고…"(막 3:5)

'분을 내어도…'란 화내는 일이 있더라도 상대방에게 치명상을 입히는 것 같은 무기를 사용해서는 안 된다고 하는 것입니다. 즉 어느 한도 내에서 감정을 콘트롤해야만 합니다.

때때로 부모가 아이를 혼낼 때, 너무 화가 난 나머지 감정의 콘트롤을 하지 않고 치명상을 주는 일이 있습니다.

"넌 우리집 애가 아니다."

"태어나지 않았더라면 좋았다."

이런 소리를 들으며 자란 사람은 몇 살이 되어도 이 말이 생각나면 눈물을 흘립니다.

"사람의 심령은 그 병을 능히 이기려니와 심령이 상하면 그것을 누가 일으키겠느냐"(잠 18:14)

'상한 심령'이란 마치 차에 치어 눌려진 꽃처럼 납작해져 버린 마음입니다. 그것은 치명상을 받은 마음입니다. 성경은 "무릇 더러운 말은 너희 입 밖에도 내지 말고"(엡 4:29)라고 가르치고 있습니다. 감정이 콘트롤되지 않고 있을 때는 '더러운 말'이 불쑥 나와 버려 사람에게 치명상을 입히고 마는 것입니다.

(3) 연장전을 하지 않는다

"해가 지도록 분을 품지 말고"(엡 4:26)

당시 이스라엘에서는 일몰과 함께 하루가 끝나고 새로운 하루가 시작되었습니다. 그러므로 "해가 지도록"이란 '그 날 안에' 문제를 해결하라는 것입니다. 즉 연장전을 해서는 안됩니다.

18년 간이나 연장전에 이어지는 연장전을 하고 있는 부부가 있습니다. 같은 지붕 아래 살면서 남편이 집에 있으면 아내는 밖으로, 아내가 집에 있으면 남편이 밖으로 나가는 식으로 해서 이야기가 필요하면 아이를 통해서 한다고 합니다. 규칙 위반도 정도가 있는 것입니다.

부부 싸움은 그 날 안에 끝낸다는 것, 더 구체적으로 부부가 취침하기 전에 종결시키는 것이 중요합니다.

(4) 때를 맞춘다

"마귀로 틈을 타지 못하게 하라"(엡 4:27)

때를 맞추지 못하면 마귀에게 틈을 주게 됩니다.

아이가 있는 앞에서 하지 않는 것도 현명합니다. "지금은 그만두자", "나중에 이야기하자"라는 것도 필요할지 모르겠습니다. 남편이 피곤해서 늦게 돌아와 저녁을 먹고 있는 도중에 "저 말이죠, 그 건에 대해서 말인데요…"라고 하는 것은 좀 어떨지요. 말하는 것에는 때가 있습니다.

(5) 긍정적이다

"도적질하는 자는 다시 도적질하지 말고 돌이켜 빈궁한 자에게 구제할 것이 있기 위하여 제 손으로 수고하여 선한 일을 하라"(엡

4:28)

이 말씀에는 도적질을 하지 않도록 하는 것뿐이 아니고 구체적인 조언이 동반되어 있습니다. 즉 옛사람을 벗어 버리고 새사람을 입는 것을 권면하고 있습니다. 비판은 상처를 입습니다. 그러나 긍정적인 제안은 그 상처를 부드럽게 합니다.

"너는 성격이 삐뚤어져 있어"라고 비판만 하고 "그러니 이렇게 하면 좋겠다…"라는 제안이 없으면 어쩔 수가 없습니다.

어떤 사람이 말했습니다. "'이것은 안 돼. 저것은 안 돼'라고만 하면서 '이렇게 하면 잘 될거야'라고 제안하지 않는 비판에는 아무도 귀를 기울이지 않는다"고 말입니다.

윌리암 그래셔(William Glasser) 박사는 「긍정적인 탐닉」(Positive Addiction)이라는 책 가운데에서 무언가 좋은 것에 열중하면 나쁜 습관, 부정적인 탐닉(Negative Addiction)을 이길 수가 있다고 이야기했습니다. 예를 들면 죠깅을 최저 8개월 계속하면 영혼이 고양되어진 상태가 만들어지고, 이것이 있으면 악습관을 끊어 버리는 것이 용이해진다고 하는 것입니다.

알콜 의존증 환자에게 알콜은 안 된다고 말만 하면서 그 사람의 마음의 공동(空洞)을 채워 주지 않는다면 참된 해결이 되지 않습니다. 그러므로 부부 싸움에서도 긍정적인 요소를 삽입시켜야만 합니다.

(6) 덕을 세우는 말을 사용한다

"무릇 더러운 말은 입 밖에도 내지 말며"(엡 4:29)

"이젠 헤어지자", "사랑하고 있지 않다", "원래 처음부터 사랑하지 않았었다", "아이가 태어나서 결혼했던 거다", 이런 종류의 결정적인 말을 입에 담아서는 안 됩니다. 이런 말들은 "하나님의 영을 근심하게 하는"(엡 4:30) 것이 됩니다.

(7) 타인을 끌어들이지 않는다

"너희는 모든 악독과 노함과 분냄과 떠드는 것과 훼방하는 것을 모든 악의와 함께 버리고"(엡 4:31)

제삼자의 앞에서 반려자를 비난하는 것은 그 사실 자체로 악의를 느끼는 것입니다.

"우리 집사람 너무 강해서….."

"우리집은 전혀 따라 주지 않습니다….."

"존경할 수 없게 되면, 순종할 수 없게 되잖아요."

이런 것들을 다른 사람 앞에서 말해서는 안 됩니다. 비꼬는 것도 사람 앞에서 해서는 안 됩니다. 그리고 무엇보다 중요한 것은 부부 문제에 친척 등의 인간 관계를 끌어들이지 않는 것입니다. 친척 등의 인간 관계가 들어오게 되면 더 나빠지는 경우는 있어도 좋아지는 경우는 드물기 때문입니다. 부부간의 문세는 두 사람만의 것으로써 해결합시다. 다만 시간이 걸려도 아무래도 해결할 수 없을 것 같은 경우는 전문가의 도움을 빌리는 것이 좋습니다.

(8) 쓴 뿌리를 키우지 않는다

"너희는 모든 악독과 노함과 분냄과 떠드는 것과 훼방하는 것을 모든 악의와 함께 버리고"(엡 4:31)

'악독'의 어원은 다른 구절(히 12:15)에서는 '쓰다'라고 번역되어 있습니다. 쓴 뿌리는 많은 사람들을 더럽힙니다. 엄마가 쓴 뿌리를 가지고 있으면 아이는 더럽혀집니다.

남편은 아내에게 "괴롭게 하지 말라"(골 3:19)고 가르치고 있습니다만, '괴롭힌다'는 '쓰다'라는 말과 같은 의미입니다. 이것은 창 끝으로 '찌른다', '자르다'라고 하는 뜻을 가지고 있습니다. 아내를 괴롭히는 남편은 마음속에 쓴 뿌리를 갖고 있는 것입니다. 부부 싸움에서 쓴 뿌리는 주의해서 뽑아 버려야 합니다.

(ㅁ) 복수하지 않는다

쓴 뿌리는 드디어 복수심으로 이어져 갑니다. 남성의 복수 수단으로 자주 사용되어지는 것은 '침묵'입니다. 누군가가 집에 찾아오면 말을 하지만 돌아가면 또 '침묵'을 작정합니다. 그 가운데는 반 년 이상 아무 말도 하지 않는 남편도 있습니다.

여성의 복수 수단으로 자주 사용되어지는 것은 '성관계의 거부'입니다. 하나님은 남자와 여자로 사람을 창조하셨습니다. 성관계를 만드신 분은 하나님이십니다. 하나님은 만드신 모든 것을 보시고 "심히 좋았더라"(창 1:31)고 말씀하셨습니다. 결혼이라는 때로 성관계는 축복받고 있는 것입니다. 그러므로 결코 복수의 무기로 사용해서는 안 됩니다.

"남편은 그 아내에게 대한 의무를 다하고 아내도 그 남편에게 그렇게 할지라 아내가 자기 몸을 주장하지 못하고 오직 그 남편이 하며 남편도 이와 같이 자기 몸을 주장하지 못하고 오직 그 아내가 하나니"(고전 7:3-5)

이 구절로부터 다음과 같이 말할 수 있습니다.

남편의 몸은 남편의 것이 아니고 아내의 것입니다. 마찬가지로 아내의 몸도 아내의 것이 아니고 그것은 남편의 것입니다. 남편도 아내도 자신의 몸이라고 생각하기 때문에 '거부한다'고 하는 상태가 발생하는데, 자신의 몸이 상대방을 위하여 존재하고 있다고 생각할 때 부부의 성적 결합이 독특한 커뮤니케이션이라는 것을 알 수 있습니다. 모짜르트에게 어느 사람이 물었습니다. "저 음악에서 당신은 무엇을 말하려고 하셨습니까?"

모짜르트는 이렇게 대답하였습니다.

"그것을 말로 표현할 수 있다면 음악은 불필요하겠지요."

마찬가지로 부부의 성적 결합에 의해서도 말로 할 수 없는 것이 전달되어집니다.

부부의 성관계는 부부의 건강도를 나타내는 바로미터입니다. 그만큼 중요한 것을 복수의 수단으로 사용해서는 안 됩니다.

(10) 서로 용서한다

"하나님이 그리스도 안에서 너희를 용서하심같이 서로 용서하라" (엡 4:32)

부부간에 용서가 없어지면 참된 부부로서의 모습을 제대로 갖출 수 없게 되고 맙니다. 용서가 없으면 옛날 일이 다시 문제가 되어집니다. 용서가 없으면 치유가 없는 것입니다. (이 문제는 3장에서 취급하겠습니다.)

이상 부부 싸움의 십계를 들었습니다. 싸움을 장려하는 것은 아닙니다만 만약 한다면 규칙에 근거한 대화로 했으면 합니다. 싸움을 하지 않겠다는 목표를 세우고 있으면, 싸움이 일어날 것 같은 분위기에서는 대화를 포기할지도 모릅니다. 그러나 올바른 규칙에 따른 대화를 할 수 있게 되면 부부 싸움을 할 필요가 없는 좋은 부부로 성장해 갈 것입니다.

둘째애가 여섯 살 때에 엄마에게 이런 질문을 하는 것을 들은 적이 있습니다.

"엄마하고 아빠는 언제 싸우지?"

우리 가정은 벌써 결혼한 지 십칠 년! 싸움을 하지 않고도 될 만큼 아내는 나를 용납해 줄 수 있게 되었습니다.

제 3장

용서의 비결

용서할 수 없는 마음이 일으키는 비극

가정에 용서를

한 가정에 초대받았을 때의 일입니다. 84세의 할아버지가 화를 내며 79세의 할머니에게 말했습니다.

"당신은 15년 전에도 똑같은 말을 했어."

이 소리를 듣고 할머니는 깜짝 놀랐습니다. 당연합니다. 나도 놀랐습니다. 15년이나 지난 이야기를 참 잘도 기억해 낸 것입니다.

한 중년 여인이 말했습니다.

"상대가 크리스천이 아니었더라면 용서할 수 있겠는데, 상대가 크리스천이라고 생각하면 용서할 수 없어요."

크리스천이라면 성경 속에서 좋은 것과 나쁜 것을 배웠음에 틀림없습니다. 그렇기 때문에 그럼에도 불구하고 어떻게 저럴 수가 있나 생각이 들어서 용서할 수 없는 기분이 되는 것입니다.

이전에 신문에서, 행복한 결혼의 비결은 무엇인가를 묻자 어느 부부가 '서로 용서하는 것' 이라고 대답했습니다. 분명히 부부간에 용서함이 없다면 생활해 갈 수 없겠지요.

서로 용서함이 없는 부부의 가정은 붕괴합니다. 다른 사람을 용서할 수 없기 때문에 정신병원에 들어가 있는 사람도 있을 정도입니다. 누군가를 용서하지 않기 때문에 얼마나 많은 가정이 붕괴하고 있는 것일까요.

몸에도 악영향

어느 분이 이런 말씀을 하셨습니다. 이분은 어린 시절부터 천식으로 고통받고 있었습니다. 어딘가에 좋은 병원이 있다고 들으면 찾아가서 모든 수단을 사용하여 천식을 극복하려 했지만 전혀 좋아지질 않았습니다.

그런데 어느 사람에 대해 원망 같은 감정을 가지고 있는 것을 알게 되었고 그는 그 문제를 처리했습니다. 그런데 어떻게 된 것일까요. 그 때까지 그를 오랫동안 괴롭히고 있었던 천식이 그 후로는 한 번도 생기지 않고 있다는 것입니다.

나는 모든 천식의 배후에 원망의 감정이 있다고 말하는 것은 아닙니다. 그러나 어느 종류의 병은 사람을 용서하지 못하기 때문에 연장되고 있다는 것은 확실합니다.

용서가 없이는 행복도 없다

모파상의 작품 중에 「끈」이라는 단편이 있습니다. 오슈코른은 어느 날 길을 걷다가 끈 하나를 발견하고 주워서 주머니에 넣었습니다. 그런데 그 주변에서 지갑을 잃어버렸다고 하는 사람이 나타났습니다.

한 사람이 말했습니다. "오슈코른이 주워서 주머니에 넣는 것을 난 보았다."

그래서 오슈코른은 의심을 받고 조사를 받게 되었습니다. 주머니에서 끈을 꺼내어 "주운 것은 이 끈이다"라고 설명해도 믿어 주지 않았습니다.

이러쿵저러쿵하는 사이에 없어진 지갑이 발견되고 "다행이다, 다행이야. 오슈코른의 짓이 아니었어"라고 말하며 사람들은 그 사건을 잊고 말았습니다.

그러나 잊을 수 없는 사람이 한 사람 있었습니다. 오슈코른 자신이었습니다. 그는 자신이 의심을 받았었다는 사실을 여기에 가서도 말하고 또 저기에 가서도 말하고 해서 드디어 논밭 가는 일도 잊게 되고 결국 쓸쓸하게 죽어 갑니다.

사람을 용서한다는 것은 얼마나 어려운 일인지요.

젊은 독자분들 중에는 "나에게는 용서하지 않으면 안 되는 사람이 없다"라고 말하는 분도 많을 것입니다. 하지만 안심하십시오. '용서할 수 없다'고 생각되는 사건이 빈드시 생길 것입니다. 나는 18살에 크리스천이 되었습니만 "이것은 용서할 수 없다"라고 하는 사건은 26살 때 다가왔습니다. 그 후로도 가끔 그러한 사건을 경험하면서 오늘에 이르고 있습니다.

신문 인생안내란에 20대 주부의 이런 상담이 실려 있었습니다.

"용서할 수 없는 미운 아버지—어렸을 때의 생각하기도 싫은 사건…"

"그 일의 중대함도 이해 못했던 어린 시절 아버지에게 당하고 그 후로 집을 나오기까지 8년 간 엄마에게 고백하지도 못한 채 아버지에 대한 혐오감을 축적시키며 정말 괴로운 나날을 견뎠습니다.

중학교 졸업과 동시에 엄마의 강한 반대를 무릅쓰고 집을 떠나 먼 고등학교에 진학, 장래를 혼자서 살아가려고 전문학교에 진학하여 자격증을 취득하였습니다. 그 덕분에 취직하고 직장에서 지금의 남편을 만나게 되었습니다.

남편은 참 성실하고 무엇이든 말할 수 있는 사람이었습니다만 그 사실만은 절대로 말하지 않았습니다. 고등학교 이후의 학비를 아버지에게 돌려 주고 결혼했습니다만 집을 나온 이후 거의 집에 돌아가지 않았고 아버지와 있었던 일, 아버지의 존재조차 잊었다고 생각하고 있었는데, 어이없게도 결혼에 의해 아버지와 가까워지게 되어 버렸습니다. 남편이 재촉하여 할 수 없이 친정에 갑니다만 아버지의 웬지 아버지인 체하는 그 언동을 봄에 따라 증오가 되살아나고 가슴이 터질 것 같습니다.

둘다 아이를 좋아하며 남편은 물론 간절히 바라고 있으나, 만약 남편이 아이에게 무슨 일을 저지르면 어쩌나 생각하기도 하고, 증오스러운 아버지의 피를 이어받은 내가 그런 나의 피를 이어받은 아이와…. 하여튼 이것저것 생각하면 용기가 나질 않습니다. 내가 얽매이지 않게 되면 아버지도 구원받고 나 자신도 아이를 낳을 수 있을 텐데 그게 도저히 안 됩니다. 어떻게 하면 아버지를 용서할 수 있을까요."

이것에 대해 다음과 같은 대답이 실려 있었습니다.

"아이에 대한 최대의 배신 행위가 있었다는 점에서 당신이 아버지를 혐오하고 증오하고 있는 것은 당연합니다. 자기가 구애받지 않게 되면 아버지도 구원받는다고 고민하며, 그러나 그것을 할 수 없다고 자신을 책망하는 것을 이제 그만두십시오. 그는 당신이 용서할 가치가 없는 인간입니다.

…중략…

아버지를 용서할 수 있는 기분은 당신이 정말 행복해진 후에야 처음으로 생길 것입니다."

이 회답을 읽고 나는 착잡한 기분이었습니다. 아버지를 용서하지 않고 이 여성은 과연 정말로 행복하게 될 수 있을까요. 행복하게 되면 용서할 수 있게 된다고 말하지만 용서할 수 없는 생각을 가지고 어떻게 해서 행복해질 수 있는 것일까 하고요.

훈계하는 것, 용서하는 것

성경은 다음과 같이 가르치고 있습니다.

"너희는 스스로 조심하라 만일 네 형제가 죄를 범하거든 경계하고 회개하거든 용서하라"(눅 17:3)

이 문제는 오해의 여지가 많기 때문에 특히 주의하도록 강조해서 경고하고 있습니다.

여기에서는 두 가지 의무가 서술되어져 있습니다. 한 가지는 훈계·경계하는 것, 또 한 가지는 용서하는 것입니다. 이것은 인간 관계를 원활하게 하기 위하여 우리들이 지켜야만 하는 중요한 원칙입니다. 인간 관계의 왜곡은 이것을 지키지 않는 것으로부터 자주 일어나게 됩니다.

훈계하는 것

"저 사람은 나에게 이런 심한 일을 했어요. 하지만 나는 아무 말도 하지 않기로 하고 있어요. 그렇죠, ○○씨." 이런 말을 듣는 일이 있습니다.

무엇인가 심한 일을 당하고 아무 말도 하지 않고 침묵한다, 이것만 보게 되면 훌륭한 인격자라고 생각하기 쉽지만, "그렇죠, ○○씨"라고 제삼자에게 말하고 있는 사실이 이것을 부정하고 있습니다.

성경의 가르침은 '침묵하라'는 것이 아니고, '훈계하라'는 것에 있습니다.

물론 아무에게도 말하지 않고 침묵할 수 있다면 좋은 일입니다. 그러나 누군가에게 말하고 싶어지면 제삼자에게 말하기 전에 그 사람에게 가서 직접 이야기해야만 합니다.

'훈계한다'라고 하는 히브리어는 '꾸짖다'라고도 번역되는 강한 말입니다. 우리들이 '꾸짖는다'라는 마음의 작정으로 이야길 시작해도 엉뚱한 오해가 있었다는 것을 알 수 있을 때가 자주 있습니다. 중요한 것은 직접 본인과 서로 이야기해야 합니다. 성경은 다른 구절에서 다음과 같이 가르치고 있습니다.

"네 형제가 죄를 범하거든 가서 너와 그 사람과만 상대하여 권고하라 만일 들으면 네가 네 형제를 얻은 것이요 만일 듣지 않거든 한두 사람을 데리고 가서 두세 증인의 입으로 말마다 증참케 하라 만일 그들의 말도 듣지 않거든 교회에 말하고 교회의 말도 듣지 않거든 이방인과 세리와 같이 여기라"(마 18:15-17)

여기에 기술되어져 있는 순서는 우선 제일로 본인과 둘이서만 이야기하는 것입니다. 둘째로 그래도 해결되지 않으면 두세 사람을 늘려 이야기하는 것입니다. 그래도 해결되지 않을 것 같으면 셋째로 전체 문제로서 서로 이야기하는 것입니다. 이 이상에 관해서는 넷째로 교제를 끊는 것밖에 남아 있지 않습니다.

"이방인과 세리와 같이 여기라"라는 것은 끊어 버리는 것보다도, 다시 한번 전도를 새로 한다는 것이겠지요. 응답이 있으면 교제의 회복도 있을 수 있는 것입니다.

(1) 직접 본인과 이야기하는 것

본인과 직접 이야기하는 것의 귀중함은 아무리 강조해도 지나치지 않습니다.

"○○씨도 당신에 대해 이렇게 말했습니다"라고 들었을 때 사탄이 움직이는 것입니다. 직접 본인으로부터 들으면 별것 아닌 일인데 돌고 돌아서 귀에 들어왔을 때는 독성도 강해집니다.

교회의 인간 관계에서의 실족의 대부분은 이 원칙이 깨어지는 일에 있습니다.

"저 말이죠, 목사님. ○○씨의 일 말인데요. 목사님 입으로 주의시켜 주세요." 이렇게 말해도 목사는 쉽게 수락해서는 안 되는 것입니다 주의해 주기를 바라는 사람이 직접 말해야만 하는 것으로 다른 사람이 대신 이야기할 것이 아닙니다.

이런 경우 나는 다음과 같이 말하기로 하고 있읍니다. "당신이 기도하고 역시 말해야 한다고 생각하면 직접 본인에게 말하는 편이 좋다고 생각합니다." 복수 목회에 있어서도, 서로 이 원칙을 지키지 않으면 잘 되어나가지 않습니다. "○○목사님에 관한 것인데요, 목사님이 주의해 주시지 않겠습니까. 그게 싫어서 교회에 오고 싶지 않다고 말하는 사람이 있습니다."

이렇게 말하더라도 나는 직접 본인과 이야기하는 것이 중요하다고 생각하기 때문에 쉽게 받아들이지 않습니다. 문제의식을 가지고 있는 사람이 직접 말해야만 할 것이기 때문입니다.

말썽 많은 인간 관계 속으로 파고들어가 보면 항상 결론은 교회이든 가정이든 직접 본인과 이야기하고 있지 않다는 것입니다.

"하지만 그 사람은 이야기하기 힘든 사람이니까요."

자주 이런 말이 되돌아옵니다. 그러나 상대가 아무리 말하기 힘든 사람이라 하더라도 직접 본인과 이야기하는 것이 중요합니다. 인간 관계에 금이 가게 되면 어떤 상대라도 말하기 힘들게 됩니다. 그렇지만 그런 이유 때문에 성경의 원칙을 왜곡시켜서는 안 됩니다.

"엄마, 들어 보세요. 남편이 말이죠….."

이런 말을 매일 듣게 되는 어머니는 딸의 남편을 삐뚤어지게 보게 되고 맙니다.

이 어머니가 딸의 남편을 만나면 항상 이런 말이 입에서 나오게 되고 맙니다.

"철수 군, 영희를 좀더 잘해 주게나."

남편은 아내가 자기에게 직접 말하지 않고 자기 어머니에게 무언가를 이야기한 것을 알게 됩니다. 그러니 부부 관계가 나빠지는 것은 당연합니다.

"언니, 내 말좀 들어 봐. 우리 영수가 말이지 … "

이런 말을 듣고 있는 이모는 분명히 영수 씨의 얼굴을 보면 말할 것입니다.

"영수야, 네 엄마를 곤란하게 하지 말아라."

이 말을 들은 영수 씨는 이렇게 생각합니다. '어머니는 나에 관하여 이모님께 말했구나.'

결국은 부모 자식 관계도 나빠집니다.

(ㄹ) 사랑으로 덮어 준다

"직접 말하라고 해서 말하는데 너라는 사람은 무엇을 해도 안 되는구나."

제2장에서 말한 것입니다. 진리는 조그만 삐뚤어도 진리가 아닌 것이 됩니다. 직접 본인과 이야기한다고 하는 진리도 조금만 비틀면 진리가 아닌 것입니다. 말하지 않아도 되는 것은 말하지 않는 게 좋습니다. 말을 할 때는 '사랑을 가지고 진실을 말하는' 것이 중요합니다. 다만 말하면 된다는 것이 아닙니다.

"허물을 덮어 주는 자는 사랑을 구하는 자요"(잠 17:9)라고 성경은 말하고 있습니다. 이것은 말하지 않고 덮어 주고 싶다면 아무 말도 할 필요가 없다는 것입니다. 덮어 줄 수 없는 것에 관해서만 직접 본인에게 '사랑을 가지고' 말해 줘야 합니다.

교회에서, 가정에서, 직장에서 제삼자의 일을 나쁘게 말하지 않는 습관이 몸에 배이면 인간 관계는 얼마나 변해 갈까요. 나쁜 것은 직접 본인에게 말하고, 제삼자의 말을 할 때는 좋은 것만을 이야기한다는 것이 실천되어질 때 교회는 천국이 되고, 가정은 변하게 됩니다.

용서하는 것

제1의 의무는 훈계하는 것, 제2의 의무는 용서하는 것입니다.

"용서하라"고 말씀하신 분은 예수 그리스도입니다. 왕의 왕이시고 주의 주되신 그리스도께서 "용서하라"고 말씀하시고 계신데, 용서할 수 없다고 말하고 있는 당신은 도대체 누구입니까.

주님은 불가능한 것을 요구하고 계시는 것이 아닙니다. 마태복음 18:23 이하에 '용서'에 관한 비유를 말씀하고 계십니다. 6억 원의 빚을 탕감받고 돌아가는 도중에 천 원을 빌려 준 사람을 만났습니다. 자신의 막대한 빚을 탕감받은 사실도 잊고, 이 사람은 천 원 받으려고 좀 기다려 달라는 사람을 감옥에 처넣었습니다. 얼마나 모순인가요. 자기는 동정을 받았으면서도 다른 사람을 불쌍히 여기지 않는 것입니다.

이 사람은 마침내 옥리(獄吏)에게 인도되어집니다. 옥리란 '고문을 시키다'라는 동사의 명사형입니다. 남을 불쌍히 여기지 않는 사람은 마치 고문을 받는 사람처럼 고통을 받고 비참한 감정에 끌려다니게 되고, 두려움과 불안에 떨며 고통받게 됩니다. 결국 손해를 보는 것은 용서를 하지 않는 사람입니다.

3

용서하는 것의 실행을!

용서에 관한 십계

(1) 감정이 없어도 용서한다

"용서하고 싶다는 감정이 전혀 생기지도 않는데 용서한다고 말하는 것은 위선이다"라고 하며 용서의 감정이 생길 때까지 사람을 용서하지 않는 사람이 있습니다. 이것은 잘못입니다.

아침 일찍 일어나는 것에 아무 문제도 느끼지 않는 사람은 드뭅니다. 나는 아침 일어날 때 항상 좀더 자고 싶다고 생각합니다. 그러나 매일 그럴 수는 없기 때문에 일어나고 싶은 감정이 없더라도 나는 일어나기로 하고 있습니다. 일어나고 싶지 않은데도 일어나는 사람을 위선자라고 부르는 사람은 없습니다.

마찬가지로 용서한다는 것은 용서하는 느낌이 없더라도 용서하는 것입니다.

(2) 가령 상대방이 성실하지 않더라도 용서한다

친자 관계에서 자주 볼 수 있는 것인데, 부모가 자녀에게 말합니다.

"뭐 그런 식으로 사과하니! 제대로 사과해, 제대로!"

이것을 대등한 인간 관계에 적용하여 상대의 성실성을 음미하는 사람이 있습니다.

"저런 식의 사과를 용서할 수 없어!"

우리들이 상대의 성실성을 구하기 시작하면 끝이 없습니다. '심각한 일'이라고 생각하는 일은 그리 간단하게 용서할 수 없습니다.

"땅에 엎드려 사과해!"

"손가락 하나 둘 잘라 버려!"

"팔을 잘라 버려!"

"죽어서 사과해!"

성실성을 추구하는 목소리는 멈추지 않습니다. 그러나 성실하지 않다고 생각되더라도 용서해야 하는 것입니다.

(3) 용서해 달라고 하면 몇 번이든 용서한다

예수 그리스도 시대의 이스라엘은 세 번까지는 용서를 하도록 되어 있습니다.

베드로는 주님에게 이렇게 질문했습니다.

"주여 형제가 내게 죄를 범하면 몇 번이나 용서하여 주리이까 일곱 번까지 하오리이까"(마 18:21)

여기서 베드로는 평상시의 세 번의 두 배를 한 데다가 보너스까지 한 번 붙여서 일곱 번까지라고 말한 것입니다. 일곱 번까지 용서하면 대단한 것이라고 생각했을지도 모릅니다. 그러나 주님은 "일흔 번씩 일곱 번이라도"라고 말씀하였습니다.

여기서 가령 일곱 번을 문자 그대로 일곱 번이라고 해 봅시다. 주님은 다음과 같이 말씀하시고 계십니다. "만일 하루 일곱 번이라도 네게 죄를 얻고 일곱 번 네게 돌아와 내가 회개하노라 하거든 너는 용서하라 하시더라"(눅 17:4)

하루에 일곱 번이라는 것은 대단한 숫자입니다. 가령 누군가가 나에게 와서 콧등을 콩하고 때리며 말합니다. "용서해 주십시오. 잠깐 손이 미끌어지고 말았습니다." 나도 훌륭한 인격자가 되려고 하고 있기 때문에 웃으면서 말합니다. "용서해 드리죠"라고. 그런데 10분도 지나기 전에 같은 사람이 다가와서 콧등을 콩…. 나는 억지로 웃으면서 "용서합니다"라고 말합니다. 마음속으로는 '성실성이 부족해. 성실하다면 두 번씩이나 그럴 리가 없어'라고 생각하고 있습니다. 이런 생각으로 마음이 개운치 않을 때 또 와서 콧등을 콩…. "또 그랬습니다. 용서해 주십시오." 나는 몹시 불쾌한 얼굴로 말합니다. "용서합니다"라고. '용서해 달라고 한다 해서 용서해도 되는 걸까. 우습게 여기게 되는 것이 아닐까.' 마음속에서 이렇게 생각합니다. 그런데 또 다가와서 콧등을 콩…. "용서해 주세요. 또 하고 말았습니다." 나는 참을 수 없어 말합니다. "당신 이게 네 번째예요."

그는 일곱 번 할 작정입니다. 당신은 성실하다고 볼 수 없다고 말하고 마시겠습니까?

그러나 주님은 하루에 일곱 번이라도 용서하라고 말씀하십니다. 성실성이 결여되어 있어도, 몇 번이고 용서해 달라고 말해도 계속 용서하기를 원하십니다. '일흔 번씩 일곱 번'이란 어디까지든지 용서하는 것입니다. 용서해 달라고 하는 것만으로 용서하는 것입니다.

(4) 용서는 순종의 문제

하루에 일곱 번이라도 용서하도록 말씀하셨을 때 제자들은 생각했을 것입니다.

'우리 믿음으로는 도저히 할 수 없다.'

거기서 그들은 외쳤습니다.

"우리에게 믿음을 더하소서"(눅 17:5)

이것에 대해 주는 말씀하셨습니다.

"너희에게 겨자씨 한 알만한 믿음이 있었더면 이 뽕나무더러 뿌리가 뽑혀 바다에 심기우라 하였을 것이요 그것이 너희에게 순종하였으리라"(눅 17:6)

겨자씨 한 알만큼의 믿음으로도 충분합니다. 신앙은 이 겨자씨 한 알만큼의 작은 것으로도 좋습니다. 문제는 믿음의 크기가 아닙니다. 그러면 무엇일까요.

주님의 비유(눅 17:7-10)에서는, 주인의 명령에 순종하는 종에 관하여 언급하고 있습니다. 밭에서 돌아온 종은 몹시 피곤하기 때문에 식사를 하고 쉬고 싶었을 것입니다. 그러나 그는 주인의 식사 준비를 하고 수종을 들고 뒷정리를 합니다. 왜 그럴까요? 자기가 종이라는 것을 알고 있기 때문입니다.

종에게 요구되어지는 것은 '순종'입니다. 믿음이 더해지고 나서 사람을 용서하는 것이 아니고, 용서하라고 말씀하시는 주께 어떻게 응답하는가가 중요합니다.

용서는 순종의 문제입니다. 마음의 왕좌에 누가 앉아 있는지가 중요한 것입니다.

"내가 그리스도와 함께 십자가에 못박혔나니 그런즉 이제는 내가 산 것이 아니요 오직 내 안에 그리스도께서 사신 것이라"(갈 2:20)

이 체험을 하고 있는 사람에게 있어서 용서는 그다지 곤란한 것이 아니게 됩니다.

(5) 과거로 돌아가지 않는다

좋지 않은 과거를 생각하며 억울한 눈물을 흘려서는 안 됩니다.

용서한다는 것은 과거로 돌아가지 않는 것입니다. 물론 여러 가지의 유혹이 있을 수 있습니다. 그러나 추억에 잠기는 것은 단호하게 거부하십시오.

영회 씨는 독신 시절에 아주 건강했습니다. 그러나 결혼하고 나서는 금방 몸의 상태가 나빠지게 되었습니다. 그리고 건강이 나빠지면 반드시 어느 사건을 생각하게 되어 버렸습니다.

감기 기운이 있던 어느 날 남편과 함께 외출을 하고 돌아오는 도중에 비를 맞게 되었습니다. 비를 피하고 싶었지만, 앞서서 가고 있는 남편 뒤를 쫓아가다 보니 드디어 감기가 심해지게 되고, 그것이 원인이 되어 완전히 건강이 망가지고 말았습니다. 그 후로 남편을 용서했다고 말하면서도 비가 온 날의 사건을 자주 생각해 내서 그 때마다 그에 대한 불쾌한 생각이 끓어오르는 것이었습니다. 그러나 그 후 용서한다는 것은 과거의 추억으로 돌아가지 않는 것이라는 것을 알고는 부부 관계에도 변화가 찾아왔던 것입니다.

(6) 지나간 일에 대해 언급하지 않는다

한 번 용서한 것은 두 번 다시 들추어 내서는 안 됩니다. 남편의 외도를 용서한 아내는 그 일로 콕콕 남편을 찔러서는 안 되는 것입니다.

아이의 잠자다 오줌 싼 것을 용서한 엄마는 나흘 연속되게 오줌 싸는 것을 "이게 네 번째"라고 말해서는 안 됩니다. 네 번째 오줌 싼 것도 마치 처음 오줌을 싼 것처럼 대처해야 합니다. 용서한다는 것은 그것에 관하여 두 번 다시 언급하지 않는 것입니다.

(7) 회개하지 않아도 용서한다

성경에서 "회개하거든 용서하라"(눅 17:3)고 써 있으므로 제7에 관해서는 이상하게 생각하시겠지요. 사람을 용서하지 않을 때 우리들의 마음에는 쓰디쓴 생각이나 복수심 비슷한 생각이 들 것입니다. 그러나 성경은 "또 쓴 뿌리가 나서 괴롭게 하고…하지 않도록"(히 12:15)이라 가르치고 "원수를 갚지 말고"(롬 12:19)라고 가르치고 있습니다. 쓴 뿌리도 복수도 안 되는 것이라면 용서밖에는 없습니다.

그러면 '회개하거든'이란 말은 어떻게 해석하면 좋을까요. 빚은 돌려 달라고 하지 않더라도 돌려 주는 것입니다. 돌려 달라고 말하지 않는다고 안 돌려 줘도 되는 것은 아닙니다. '회개하거든'이라는 것도 똑같이, 회개하지 않을 때는 용서하지 않아도 좋다는 것은 아닙니다. 회개하지 않을 때는 훈계하는 순서를 밟을 필요가 있습니다.

예수 그리스도는 우리들이 회개하기 전에 기도하셨습니다. "아버지여 저들을 용서하여 주옵소서"라고. 용서한다는 것은 회개함이 없어도 용서하는 것입니다.

(8) 자기 자신을 용서한다

다른 사람은 용서할 수 있는데 자신은 용서할 수 없다고 하는 사람이 있습니다.

하나님은 일흔 번씩 일곱 번까지도 용서하라고 말씀하고 계십니다. 다시 말해 어디까지나 용서하라고 말씀하시고 있는 것입니다. 그 똑같은 하나님의 발 아래 가서 "용서해 주십시오"라고 말했을 때 "너는 이것으로 일곱 번째! 이젠 용서할 수 없다"라고 말씀하실까요. 어디까지라도 용서하라고 말씀하시는 하나님은 당연히 우리들도 어디까지나 용서해 주시는 것입니다. 하나님이 용서하고 계시는 당신을 당신 자신이 용서하지 않는 일이 있어서는 안 됩니다.

"나는 용서받았다"라는 해방감을 맛보지 않은 사람 중에는 용서하지 못하는 마음을 가지고 있는 경우가 가끔 있습니다.

이런 심리가 작용하는 것입니다. "나는 ××를 용서 못해. 용서한다는 것은 쉬운 일이 아니야. 하나님도 나의 그 문제를 용서해 주실 리가 없어."

자신이 용서받았다는 해방감을 얻기 위해서라도 용서하지 않고 있는 사람이 있어서는 안 됩니다.

용서한다는 것은 자기 자신도 용서하는 것입니다.

(며) 자기로부터 용서를 구한다

아랫사람에 대해서는 용서한다고 말할 수 있지만, 윗사람에 대해서 용서한다고 하는 것은 주제넘는 일이라고 말씀하시는 분도 많이 있습니다.

어떤 사람이 아버지에게 편지를 써서 "아버지를 용서합니다"라고 선언하였습니다. 그런데 아버지로서는 용서받을 필요를 느끼고 있지 않았기 때문에 당황하였습니다. 아버지에게는 "용서하지 않고 원망하고 있었던 나를 용서해 주십시오"라고 쓰는 편이 좋았을 것이겠지요.

사람을 용서하지 못하고 있을 때에는 우리들도 무언가 그 갚음으로써 부정적인 일을 하게 되는 것입니다. 그것에 대해 용서를 구하는 것이 참된 용서와 직결되는 것입니다.

(1ㅁ) 잊어버리는 것

"용서하지만 잊지 않겠어."

이것은 참된 용서가 아닙니다. 용서한다는 것은 잊는 것입니다.

하나님은 우리들의 죄를 "기억도 하지 않겠다"라고 말씀하실 정도로 철저하게 용서해 주셨습니다. 동이 서에서 먼 것처럼, 또한 바다의 깊음에 우리의 죄를 묻으시는 것처럼 잊어 주시는 것입니다. 하나님이 잊어버리시는 것을 우리들이 항상 기억해서는 안 됩니다. 하나님이 묻어 버리신 바다에서 낚시를 해서는 안 되는 것입니다.

영철은 네다섯 살 때의 일을 잘 기억하고 있습니다. 아버지에게 무슨 일인가로 호되게 꾸중을 듣고 어두운 밖으로 쫓겨난 것입니다. 울부짖어도 집에 들여보내 주지 않았습니다. 그래서 그는 옆에 있는 돌을 현관을 향해 던져 버렸습니다. 아버지가 화내며 나와서는 한 마디도 하지 않고 어두움 속에서 아이를 끌고 갔습니다. 마침내 다리 한가운데서 아버지는 발을 딱 멈추었습니다. 영철은 흠칫했습니다. "아버지는 다리 밑으로 나를 던져 버릴까?" 그러나 아버지는 영철의 눈높이만큼 구부려서 말했습니다.

"영철아, 네가 한 일은 용서할 수 있는 일이냐?"

영철은 고개를 옆으로 저었습니다. 정말 용서받을 수 없는 일을 했다고 생각하고 있었으니까요. 아버지는 말했습니다.

"그래, 너는 그것을 잘 알고 있구나. 자, 네가 그것을 잘 알고 있으므로 아버지는 아무것도 말하지 않고 너를 용서하겠다. 하늘에 계신 하나님도 아버지에게 그렇게 해 주셨으니까."

이렇게 하여 영철은 벌도 받지 않고 해방되었습니다. 그에게는 너무나도 생생한 경험이었기 때문에 항상 그것을 잘 기억하고 있었습니다. 어느 날 나이를 먹은 아버지에게 말했습니다.

"아버지, 옛날 이런 일이 있었죠."

그러나 아버지는 아이가 기억하고 있는 것을 완전히 잊어버리고 계셨습니다. 아버지는 말했습니다.

"그랬었나? 그런 일이 있었나?"

하늘의 아버지도 똑같습니다. 우리들이 언제까지고 기억하고 있는 것이라도 그리스도의 십자가 때문에 완전히 잊어 주시는 것입니다.

참된 용서는 잊는 것입니다. 우리들도 마찬가지로 다른 사람의 죄를 잊을 만큼 철저하게 용서하지 않으면 안 됩니다. 잊는다는 것이 생각만큼 쉽게 되어지지는 않습니다. 그러나 우리들이 과거의 쓰라린 경험들을 생각해 내지 않고, 두 번 다시 들추어 내지 않기 위하여 애쓰며 매일매일 실천해 나가는 동안에 저절로 몸에 배이게 될 것입니다.

용서를 실행하는 비결

한 청년이 "용서의 비결을 한 마디로 말씀해 주십시오"라고 말했습니다. 용서의 비결은 무엇일까요. 그것은 용서하라고 말씀하신 주님께 순종하는 것입니다.

용서하지 못하고 있는 사람에게 한 마디 더 도움이 되는 말을 하겠습니다.

당신이 용서하지 못하고 있는 그 사람에게 무언가 좋은 일이 일어나고 있다고 상상해 보십시오. 바라고 바라던 새 차를 손에 넣고 기뻐하는 것이라든가 복권이라도 당첨되어 기뻐한다든지…. 무엇이든 좋습니다. 그 사람이 기뻐할 것 같은 일이 그 사람에게 일어나고 있다고 상상하는 것입니다. 나쁜 일이 일어났다고 상상해서는 안 됩니다. 이미지의 세계에서 그 사람에게 좋은 일이 일어났다고 상상하는 것입니다. 그러는 가운데 마침내 당신은 그 사람에 대하여 품고 있었던 쓰디쓴 생각이 없어져 있는 것을 알게 될 것입니다.

성경에서 말하는 "너희를 핍박하는 자를 위하여 기도하라"(마 5:44)라는 것은 이미지의 세계에서 그 사람에게 좋은 일이 일어나고 있다고 상상하는 것을 훨씬 초월한 것입니다.

사람을 용서하는 것, 그것은 누구를 위해서도 아닙니다. 당신 자신을 위하여 필요한 것입니다.

제 4장

사고(思考)를 새롭게 함

사고가 가지는 힘

다리나 허리를 쓰지 못하여 누워만 있을지라도 마음으로부터 주를 찬송하는 사람이 있다고 하는데, 몸도 건강하고 어디든지 원하는 곳에 갈 수 있는 사람이 투덜투덜 불평만 하면서 생활하고 있는 경우가 많습니다. 감사할 것이 산처럼 많음에도 감사하지 않고 어두운 얼굴로 생활하고 있는 사람도 많습니다. 한편 스스로는 우산도 쓸 수 없는 심한 상황 속에 있는 신체 부자유한 사람이 밝은 마음으로 비에 젖은 수국화 같은 상쾌한 기분을 시로 노래하고 있습니다.

차이는 어디에 있는 것일까요. 그것은 사고방식에 있습니다.

사고의 양식이 행동을 결정한다

생각을 바꾸는 것의 중요성은 최면술의 효과로 증명됩니다. 최면술을 거는 사람의 말을 믿으면 보통 일어나지 않는 것 같은 일이 일어납니다.

"당신의 오른쪽 손은 마치 냉장고 안에 들어가 있는 것 같습니다.

손이 차가워져서 벌써 통증을 느낄 수 없게 되었습니다. 이제 점점 무감각하게 되어졌습니다.”

이 말을 믿었을 때 현대 의학의 세계에서 마취약이 없이도 외과 수술을 할 수 있게 됩니다. 그러므로 믿는 힘은 굉장한 것입니다.

다른 사고를 하게 되면 그 때까지와는 다른 행동이 가능하게 됩니다. 부정적인 생각이 몸에 배이면 몸에 부정적 효과가 나타나게 되는 것도 수긍할 수 있습니다.

갑자기 산속에서 곰을 만난 사람은 자동적으로 공포를 경험합니다. 혈압이 상승하고 맥박도 빨라지며 혈액은 출혈 때에 응고하기 쉽게 변화합니다. 발한 작용도 높아지고 없어지기 쉽게 됩니다.

어느 사람이 곰 가죽을 입고 나타났다고 합시다. 진짜 곰이라고 생각하면 진짜 곰을 만났을 때와 똑같은 변화가 몸에 일어납니다. 곰 인형이라도 진짜 곰이라고 생각하면 공포를 경험하는 것입니다. 생각한다는 것은 이만큼 강렬합니다.

이 사실로부터 명확해지는 것이 있습니다. 우리들은 사물에 근거하여 행동하거나 느끼는 것이 아니고, 우리들이 그럴 것이라고 생각해 버린 사물에 대한 사고에 근거하여 행동하고 느끼고 한다는 것입니다.

“인생의 대부분의 불행은 자신에 관계되는 사실에 대해 잘못된 사고방식을 가지는 것에서 생긴다. 사건을 건전하게 판단하는 것은 행복에로의 커다란 일보가 된다”라는 말은 진리입니다.

연습량이 그다지 많지 않은 피아니스트가 대답하였습니다. “나는 머리속에서 연습하고 있다”라고. 머리속에서 연습하는 것은 아주 효과가 있습니다.

생각하는 것은 모든 면에서 우리들에게 영향을 줍니다. 농구공을 가지고 실제로 연습한 팀과 단지 머리속에서 공을 던지는 것을 상상하는 훈련을 한 팀 사이의 향상의 정도에는 큰 차이가 없다고 판명되었습니다.

그러므로 자신을 비참한 실패자라고 생각하는 사람이 자기가 말한 그대로의 인간이 되어 가는 것도 당연합니다. 하나님이 주신 상상력을 부정적으로 사용하는 것은 커다란 손실입니다.

"당신은 어떻게 되고 싶습니까?" "그러면 그렇게 행동합시다"라고 나는 자주 말합니다. "보통 사람이라면 어떻게 합니까?"라는 질문에 대답할 수 있으면 그 사람은 보통 사람들이 행동하는 것처럼 행동할 수 있는 것입니다. 자신을 병자라고 생각하면 언제까지고 병자같이 행동하겠지요.

"당신이 하고 있는 것은 잘못됐어요" "보통 사람은 그렇게 하지 않아요"라고 나는 솔직하게 말하기로 작정하고 있습니다. 치료자는 상대를 정상적인 사람으로서 취급하는 것이 중요합니다.

자기 최면의 힘

자신에게 부정적인 최면을 거는 사람이 있습니다. 이러한 사람은 반복하여 스스로에게 비관적인 사상을 주입시킵니다. "난 못해" "나는 병이야" "나는 머리가 나빠" "나는 추해" "나는 사람들이 좋아하지 않아" "나는 음치야"….

이렇게 하여 자기 최면에 걸려 버리고 맙니다.

사람들이 자기를 바보 취급하여 웃는다고 생각하는 사람은 실제로 사람들이 그렇게 했는가 안 했는가에 상관없이 상처를 받습니다.

전철을 타고 가는 동안 주위 사람이 자신을 물끄러미 관찰하고 있다고 생각하는 사람은 다시 전철을 타는 것이 무서워질 것입니다. 생각하고 있는 것이 사실에 근거하든지 않든지 간에 생각하는 것이 나쁘면 나쁜 결과가 나옵니다.

여섯 명 중 다섯 명은 부정적

이스라엘 백성은 약속의 땅 가나안을 앞에 두고 열두 명의 정탐꾼을 파견하였습니다. 그러나 그 가운데 열 명의 보고는 부정적이었습니다.

"우리는 스스로 보기에도 메뚜기 같으니 그들의 보기에도 그와 같았을 것이니라"(민 13:33)

열두 명중 열 명은 무리한 일이라고 판단하여 그렇게 보고하였습니다. 이것은 여섯 명 중 다섯 명이 부정적이었다고 하는 것입니다. 이 열두 사람은 족장, 즉 리더 격인 사람들이었습니다. 지도자가 부정적이면 미치는 영향도 심각합니다.

"온 회중이 소리를 높여 부르짖으며 밤새도록 백성이 곡하였더라"(민 14:1)

부정적인 생각은 강렬한 전염력을 가지고 있습니다. 온 회중이 밤새도록 울부짖을 정도입니다. 이 가운데 두 사람만이 긍정적인 생각을 하고 있었습니다.

"오직 여호와를 거역하지 말라 또 그 땅 백성을 두려워하지 말라 그들은 우리의 밥이라"(민 14:9)

하마터면 이 두 사람은 전회중에게 돌로 맞아죽는 형에 처해질 뻔하였습니다. 그러나 결과는 어떻게 된 것일까요. 부정적인 열 사람은 전염병으로 죽고, 긍정적이었던 두 사람은 살아 남아서 약속의 땅에 들어갈 수가 있었습니다.

습관이 된 사고방식

카운셀링 현장에서는 사고방식이 부정적인 것 때문에 부정적인 감정을 경험하고 있는 사람들을 많이 만납니다. 이런 사람들의 사고는 습관화되어 있습니다.

습관적으로 하고 있는 것은 보통 의식하고 있지 않습니다. 우리들은 아침에 일어나서 집을 나서기까지 의식하지 않고 많은 것을 하고 있습니다.

좋은 습관은 우리들에게 좋은 것을 줍니다. 그러나 나쁜 습관은 우리들 인생에 나쁜 영향을 줍니다. 사고방식도 하나의 습관입니다. 습관을 바꾸기 위해서는 노력과 시간이 필요합니다만 충분히 가능한 일입니다.

ABC 이론

인간의 사고와 행동의 관계를 분석한 ABC 이론이라는 것이 있습니다.

A. Activating event (무슨 일이 일어난다)

B. Belief (생각이 있다)

C. Consequence (결과가 일어난다)

A에서 C가 나오는 것이 아니고, A와 C의 사이에는 항상 B가 개재하고 있습니다. 예를 들면,

A. 목사님이 말을 걸어 주지 않았다.

C. 우울해졌다.

이 경우 B는 '나는 버림받았다' 와 비슷한 것입니다. 그러나 이 B라고 하는 사고방식을 바꾸면 다른 C가 발생하게 됩니다.

A. 목사님이 말을 걸어 주지 않았다.

B. 목사님은 최근 문제를 안고 바쁘신 것 같다.

C. 목사님을 위해서 기도하자.

에픽테토스(Epictetus)는 말하고 있습니다. "사람은 일어나는 사건에 의해서가 아니고, 일어나는 사건에 대한 자신의 견해 때문에 마음이 혼란해져 있다."

부부 관계를 손상시키는 자아상(Self Image)의 힘

어느 결혼 문제 전문가가 행복한 결혼에 필요한 요소를 다섯 가지 지적하고 있는데, 그 다섯 가지 요소의 가장 처음에 와 있는 것이 '건전한 Self Image' 였습니다.

'나는 안 된다' 라고 낮은 자기 평가를 하고 있는 사람의 Self Image는 낮다고 하겠습니다. 한편 자신을 용납하고 자신에게 확신이 있는 사람의 Self Image는 '높다' '건전하다' 라고 말합니다.

높은 Self Image는 교만을 말하지 않습니다. 교만은 비현실적인 자기 평가를 하여 대단하지도 않으면서 대단하다고 생각하는 것입니다. 당신은 행복한 결혼을 꿈꾸고 계실지도 모르겠습니다. 행복한 결혼에 어째서 건전한 Self Image가 필요한 것일까요. 그것은 Self Image가 모든 인간 관계에 커다란 영향을 주기 때문입니다. 그리고 결혼 관계는 인간 관계 중에서도 가장 복잡한 것이기 때문입니다.

Self Image가 낮은 사람은 자기에게 가치가 없다고 생각하고 있습니다. 그렇지만 사람은 모두 자기가 가치가 있다고 생각하고 싶어합니다. 그러므로 대신 자기의 배우자나 아이를 이용하여 자신의 Self Image를 높이려고 합니다. 그러나 이렇게 하면 상대는 이용당하고 있다고 느끼고 반발합니다. 그래서 드디어 관계가 악화되어집니다.

예를 들면 아내가 남편에게 말합니다. "당신은 언제까지 계장이야? 옆집 남편은 부장인데." 이것은 부장님 사모님이라 불려지는 것에 의해 Self Image를 높이려고 하고 있는 경우입니다. 또한 부모가 아이를 특정한 학교에 진학시키려 하는 것도 같습니다. 특히 아이의 장래보다 부모의 명예가 걸려 있는 경우는 더합니다.

결혼 관계뿐이 아닙니다. 충실한 인생을 보내는 데 있어서 건전한 Self Image는 중요합니다.

"사람이 그 마음속에서 생각하고 있는 것, 그것이 그 사람이다"라고 하는 말이 있습니다. 자기가 가망이 없는 인간이라 생각하는 사람은 가망 없는 인생밖에 보낼 수가 없습니다. '나는 바보다'라고 생각하는 아이는 누가 보아도 바보라고 생각되는 성적밖에 얻지 못하게 됩니다. 물론 그 아이에게 능력이 없어서가 아니라 그 아이의 생각이 부정적이기 때문에 능력을 발휘할 수가 없는 것입니다.

몸을 바꿔 보았어도

두 사람의 남자가 있었습니다. A는 부자였으나 몸이 약하고, B는 굉장히 건강했으나 가난했습니다. 두 사람 다 서로를 부러워하고 있었습니다.

부자인 A는 생각했습니다. 건강한 몸이 될 수 있다면 자기의 재산 전부를 주어도 좋다. 가난한 B는 생각했습니다. 큰 부자가 될 수 있다면 건강 같은 것 언제 버려도 좋다.

세계적으로 유명한 뇌외과의가 뇌를 교환하는 방법을 발견했습니다.

A와 B 두 사람은 자기의 소원을 충족시키기 위해 뇌를 교환하기로 했습니다. 수술은 성공하고, A는 가난하지만 건강한 몸으로, B는 병약하긴 하지만 부자로 바뀌게 되었습니다.

그런데 이전의 부자는 수술 후에도 성공하고 싶다는 의식을 가지고 있었습니다. 그에게는 자신이 성공하는 것 이외는 생각할 수 없었기 때문에 마침내 부를 축적하고 말았습니다. 그러나 반대로 몸에 관해서는 항상 걱정하고 항상 병에 걸릴 것을 두려워하고 있었기 때문에 드디어 건강을 해치고 말았습니다.

이전 가난했던 남자는 어떻게 되었을까요. 그는 가난한 의식을 가지고 있었기 때문에 부자로 있기 위한 사고를 이해할 수 없었습니다. 그 결과 시시한 것에 투자를 하고, 마침내 가난한 자가 되고 말았습니다. 그러나 몸으로 말할 것 같으면 병에 대해서는 걱정하지 않고 항상 자신은 건강하다고 생각하고 있었기 때문에 병은 없어지고 이전처럼 아주 건강한 몸이 되었습니다.

A와 B는 두 사람 모두 원상태로 돌아가 버린 것입니다. 물론 이것은 가공의 이야기입니다. 그러나 이 이야기는 생각하고 있는 것이 사람을 만들어 간다고 하는 것을 나타내고 있습니다.

石川啄木(이시까와 타꾸보꾸)가 이런 시를 지었습니다.

"이시가와(石川)는 불쌍한 놈이다. 때로는 이렇게 자신에게 말하며 슬퍼해 본다." 얼마나 자기가 불쌍한 놈인가에 대해서 생각하면 거기에서 나오는 것은 슬픔의 감정뿐입니다. 결코 마음이 뛰는 듯한 즐거움은 생기지 않겠지요. 자신을 낮게 평가하고 있는 사람, 다시 말해

Self Image가 낮은 사람이 즐겁고 충실한 인생을 보낼 수 없는 이유가 여기에 있습니다.

나는 어느 날 알지 못하는 청년으로부터 전화를 받았습니다. 자기는 중졸의 학력이기 때문에 모든 사람으로부터 바보 취급 당한다, 하나님은 불공평하다고 하는 것이었습니다. 그의 말은 적의에 차 있었고 누구라도 물리칠 수 있을 듯한 독니가 있었습니다. 이 청년이 대학 출신이든 아니든 사람들이 싫어할 이유는 충분히 있습니다. 이 청년이 모든 사람에게 미움받고 있는 것이 사실이라고 하면 이 사람이 중졸이기 때문이 아니고 중졸이라는 사실에 대한 그의 사고방식에 있습니다. 중졸인 사람이 모두 바보 취급 받는 것은 아닙니다. 문제는 그의 낮은 Self Image에 있습니다.

함축 있는 다음과 같은 말이 있습니다.

"인생의 대부분의 불행은 자기에게 관계되는 사건에 관해 잘못된 사고방식을 가지는 것에서 발생한다. 사건을 건전하게 판단하는 것은 행복으로의 커다란 일보가 된다."

위의 것을 생각한다

성경이 생각에 관해 말하고 있는 구절은 많이 있습니다. "오직 마음을 새롭게 함으로 변화를 받아"(롬 12:2)의 '마음'은 '생각' '사고'라고 번역할 수 있습니다. 골로새서 3장에는 "위엣 것을 생각하고 땅엣 것을 생각지 말라"고 말하고 있습니다.

위의 것을 생각하고 있는 사람에게 있어서는 다른 사람의 중상이나 오해도 대단한 것이 아닙니다. 자신을 이 세상의 기류자, 나그네라고 생각하는 사람에게 있어서 이 세상에서 재산을 축적하는 것은 그다지 매력있는 일은 아니겠지요.

"남편이 변하면" "돈이 있으면" "하나님께 있어서는 나 같은 사람 아무래도 좋을 거다" "나는 가망 없는 인간이다" 등과 같은 이러한 잘못된 생각이 바르게 고쳐지지 않는다면 밝은 인생은 약속되어지지 않습니다.

행복이란 하나의 습관입니다. 그리고 사고도 하나의 습관입니다.

건전한 Self Image의 회복

GIGO — 쓰레기 (Garbage)를 넣으면 쓰레기 (Garbage)가 나온다

컴퓨터 용어에 GIGO라는 것이 있습니다. 이것은 Garbage In Garbage Out의 약어입니다. Garbage란 부정확한 정보를 말합니다. 부정확한 정보를 넣으면 부정확한 정보가 나온다, 즉 컴퓨터에 입력한 정보가 부정확하면 나오는 정보도 부정확하다는 의미입니다.

우리들은 자신의 컴퓨터에 어떤 것을 입력하고 있는 것일까요. 자기는 가망이 없다고 하는 것 같은 부정확한 정보를 입력하고 있다면, 나오는 것 역시 부정확한 정보밖에 없는 인생일 것입니다.

데카르트는 말했습니다. "나는 생각한다. 고로 나는 존재한다."

파스칼도 유사한 말을 했습니다. "인간은 생각하는 갈대다."

인간의 독특함은 이 사고하는, 즉 생각한다고 하는 것에 있습니다. 우리들의 감정의 대부분은 사고방식으로부터 나옵니다. 슬픔은 자기를 불쌍하다고 생각할 때 나옵니다. 다른 사람에게 발을 밟혀도, 분노를 느낄 때가 있고 그렇지 않을 때도 있습니다. 다른 사람에게 욕을 먹었을 때 '이것은 너무해'라고 생각하면 화가 납니다. 그러나 '불쌍한 사람이다'라고 생각하면 그다지 분노의 감정이 나지 않겠지요. 마르크스 아우렐리우스(Marcus Aurelius)가 말하는 것처럼 "감정은 환경 소산이 아니고, 사고에 의해 결정된다"는 것입니다.

감정을 컨트롤하는 빠른 길은 사고방식을 컨트롤하는 것입니다.

성경은 말합니다.

"너희는 이 세상과 타협해서는 안 되느니라. 오히려 사고를 새롭게 함으로 자신을 변화시키라."(롬 12:2을 의역한 것임)

생각을 바꾸는 것은 중요합니다. 생각 중에서도 가장 중요한 것은 자신에 대한 생각입니다. 이것이 Self Image입니다.

나는 가망 없는 아이

자신에 관한 생각은 어떻게 만들어져 왔을까요. 하나는 당신을 둘러싼 사람들, 그 중에서도 당신과 중요한 관계를 가진 사람이 당신을 어떻게 평가했는가 하는 것과 무관하지 않습니다.

나는 은행에서 순서를 기다리고 있었습니다. 세 살 정도의 아이를 데리고 온 엄마가 내 옆에 앉았습니다. 어머니의 목소리는 위협적이고, 억압적으로 보내지는 메시지는 부정적이었습니다. "어머, 못된 아이!" "별수가 없구나!" "움직이지 말라니까." "에이 또!" "몇 번 얘기해야 알아듣니!" 말도 부정적이었지만, 엄마의 목소리 그 자체가 아주 신경이 쓰였습니다.

나는 옆에서 생각했습니다. '이 아이 참 불쌍하다. 앞으로 20년 가까이 이 아이는 이런 말을 들으면서 자라겠구나….'

앞에서도 말한 것처럼 커뮤니케이션에서는 말의 내용 그 자체보다, 목소리의 상태에 의해 전달되어지는 쪽이 훨씬 큽니다.

"너는 가치가 없어"라고 몇 년씩이나 계속해서 말하면, 어린아이일 경우 영향을 받지 않는 것이 이상합니다.

내가 알고 있는 화자 씨는 태어났을 때부터 "너는 태어나지 않았더라면 좋았는데"라고 들으며 자랐습니다. 첫째아이는 여자아이였지만 처음이었기에 귀여움을 받았습니다. 둘째아이가 10년 후에 태어나게 되었습니다. 남자아이를 바라고 있었으나 또 여자아이. 그러나 10년 만의 아이이기도 해서 둘째아이도 귀여움을 받았습니다. 화자 씨는 셋째아이로서, 그것도 연년생으로 태어났습니다. 남자아이가 아니었기 때문에 "태어나지 않는 편이 좋았다"라고 들으면서 자랐습니다. 화자 씨가 이 슬픈 생각으로부터 해방받기까지 얼마만큼의 고투가 있었는지에 대해서는 충분히 상상할 수 있을 것입니다.

백화점의 여자 화장실에서 엄마의 목소리가 들려왔습니다. "뭘 우물쭈물하고 있어! 빨리 물 흘려보내야지!" 한참 있으니 쏵 하는 물 흐르는 소리가 들렸습니다. "어머, 너는 팬티 하나 올릴 수 없니!" 그리고 한참 있다가는 "그런 곳에 손이 닿을 리 없잖아!" 하는 소리도 들렸습니다. 겨우 아이는 손이라도 씻으려고 하였던 것 같습니다. 무엇이 아이에게 전달되고 있을까요. '굼벵이, 쪼그만 것, 팬티 하나 못 올리는 무능력자' 라고 하는 것입니다.

역의 플랫폼 의자에서 네 살 전후의 아이가 혼나고 있었습니다. 엄마는 다른 한 아이를 등에 업고 있었습니다. 애 키우기에 피곤함도 있었겠지요.

"너 왜 그러니! 대체 몇 번 말해야 아니! 아래 내려가서도 움직이면 안 되고 기다리라고 말했잖아. 널 찾는 데 얼마나 시간이 걸렸는 줄 알기나 하니! 너 때문에 전차 세 대나 그냥 보냈어! 병원에 시간약속을 했는데 이게 처음이 아니잖니. 게다가 똑바로 걸어가면 좋을 텐데, 그런 풀이나 뜯고 말야!"

어린아이는 뿌리가 달린 풀을 들고 있었습니다. 엄마는 화난 것처럼 말했습니다. "버리는 곳은 그런 곳이 아니잖아! 쓰레기통이잖아!" 아이는 또 풀을 주워들었습니다. "버리지 못해!" 그러니까 아이는 뱃속에서부터 짜내는 듯한 목소리로 말했습니다. "싫어!"

슬픈 정경입니다. 아이의 기분을 이해합니다. 부모는 자신의 말이 어린이의 Self Image에 어떻게 연결되어지는지 의식하지 못하고 있는 것이겠지요.

어느 청년이 말해 주었습니다. 혼이 날 때는 항상 "너는 우리집 아이가 아니다"라고 들어 왔다고 하는 것입니다. "너는 시궁창에서 흘러온 썩은 꾸러미 속에서 나온 아이다. 막대기로 찔러 보니까 네가 나왔었다.'이것을 들을 때마다 저는 울었습니다." 이렇게 말하는 청년의 눈은 젖어 있었습니다.

이런 예는 너무나도 셀 수 없을 만큼 많습니다.

원죄의 문제

그 동안 우리들이 다른 사람의 평가를 그대로 받아들인 결과로써 일어나는 self Image의 낮음에 관해 말하였습니다. 그러면 self Image를 건전하게 하는 방법에 관하여 이야기하기 전에 또 한 가지 자기가 자기를 낮게 평가하고 있다고 하는 문제점에 대해 생각해 봅시다.

그것은 우리들이 모두 죄에 대한 경향, 악의로의 경향을 가지고 있다고 하는 것입니다. 좋은 일이니까 하려고 해도 할 수 없는 자신, 나쁜 일이니까 그만두려 생각해도 그만둘 수 없는 자신…. 자신의 진상을 알았을 때 "아! 나는 얼마나 비참한 인간인가"라고 외치고 싶어지는 것입니다. 이것이 그대로 낮은 Self Image와 연결되어 갑니다.

악순환을 단절한다

철수 씨가 자신을 바보라고 생각하고 있다고 합시다. 그렇게 되면 그의 사고에 악순환이 시작됩니다.

① 나는 바보다.

② 바보가 하는 말에 아무도 흥미를 가지지 않는다.

③ 나는 바보니까 가만히 있자.

④ "철수란 놈 아무 말도 안 하는 것 보니 바보구나." 친구가 말합니다.

⑤ 모두 역시 나를 바보라고 하고 있다.

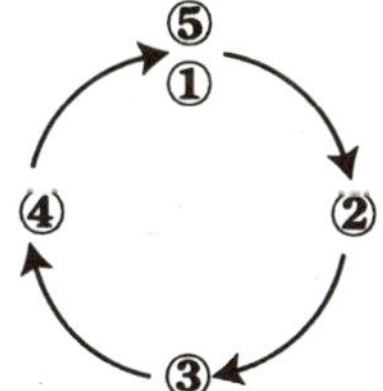

이런 예는 얼마든지 있고 끝이 없습니다. 여기까지 읽고 계신 당신도 부정적인 이야기의 연속으로 싫증이 나 있을 것입니다. 그러나 이것이 대부분의 친자 관계의 현실입니다. 그러나 다음과 같은 부모도 있습니다. 어머니가 요람을 부드럽게 흔들어 주며 아기에게 말을 겁니다. "빌! 세계는 너의 성장을 기다리고 있단다." 이 아기는 성장하여 가난한 사람의 친구가 되고, 사회에 크게 공헌하는 인물이 되었습니다. 구세군의 창립자 윌리암 부스가 그 사람입니다.

아버지가 아이에게 말합니다. "아버지는 너를 위해서라면 언제든지 죽어도 좋다고 생각한다. 너는 아빠 엄마가 정말 소원하여 주어진 귀중하고 특별한 아이란다." 이러한 부모에게서 자라난 어린이는 행복합니다.

그러나 자기 부모가 그렇지 않았다고 해도 포기해서는 안 됩니다. 부모가 어떻더라도 당신은 새롭고 건전한 Self Image를 갖을 수 있습니다.

"자기를 이렇게 만든 것은 부모와 선생님, 그리고 친구 탓이다"라고 책임 전가를 해서는 안 됩니다. 사람들은 꼭 바르게 평가해 주지는 않습니다. 그러므로 사람에게 무언가를 기대하지 않는 것이 좋습니다. 우선 자신이 변하는 것이 더 중요합니다.

사람의 평가가 아니고 하나님의 평가를 알자

당신은 자신을 낮게 보았습니다만, 정말로 올바른 판단이었을까요.

사물의 가치는 그 물건을 잘 알고 있는 사람에 의해 결정되어집니다. 물건을 보는 눈이 있는 사람이 값을 매기는 것입니다.

나는 골동품만을 팔고 있는 가게에 들어간 적이 있습니다. 거기에서 놀란 것은 코카콜라 빈 병에 좋은 가격이 붙어 있는 것이었습니다. 누가 빈 병에 값을 매기는 것일까요. 그것은 이 콜라 병에 관해 잘 알고 있는 사람입니다. "이것은 몇 년이나 오래된 물건이고 시장에는 몇 개밖에 나와 있지 않아." 이런 것을 알고 있는 사람이 값을 매깁니다. 내가 아무리 "더러운 병이야. 아무것도 들어있지 않아"라고 해도 드문 빈 병은 여전히 좋은 값으로 팔려 가게 될 것입니다.

한 장의 우표가 2천만 엔 가까이로 팔렸다는 기사를 읽었습니다.

우표를 잘 알고 있는 사람이 값을 매기고 사간 것입니다.

그러면 당신의 가치를 잘 알고 있는 것은 누구일까요. 그것은 부모도 교사도 사회도 아닙니다. 또한 당신 자신도 아닙니다.

실은 당신의 참된 가치를 알고 있는 것은 당신을 만드신 창조주입니다.

"사람이 만일 온 천하를 얻고도 제 목숨을 잃으면 무엇이 유익하리요"(마 16:26)라고 성경은 말하고 있습니다. 이것은 '생명이 있고서야'라고 하는 의미입니다만, 시각을 바꾸어 말한다면 전세계의 부와 당신 자신을 천칭에 달면 당신 생명 쪽이 무겁다고 하는 의미도 포함되어 있습니다.

우리들은 자주 머리가 좋은 것이라든가 사회에의 공헌도 등에 의해 그 사람에게 가치가 있는지 없는지를 판단하려고 합니다. 그러나 무엇인가를 하는 것으로 사람의 가치가 결정되는 것은 아닙니다.

"하나님이…하나님의 형상대로 사람을 창조하시되"(창 1:27), 이것이 성경이 가르치는, 인간이 가치 있는 제일의 이유입니다. 인간은 하나님의 형상대로 본떠서 만들어졌다는 사실만으로 가치 있는 손재인 것입니다.

사람에게는 하나님을 나타내는 그 무엇인가가 있습니다. 설령 눈에 보이는 사회로의 공헌이 없다고 하더라도, 설령 평생 누워 있는 사람이라 하더라도, 하나님을 닮게 만들어졌다고 하는 사실만으로 사람에게는 무한의 가치가 있습니다.

대학 입시에 실패했기 때문에 자살을 해도 좋다고 하는 정도의 가치 없는 생명이 아닙니다. 사업에 실패하여 몇억 원이라는 빛을 지고 도산했다 해서 일가 모두 자살을 해도 될 정도의 싸구려 생명이 아닙니다. 실연했다 해서 몸을 던져도 좋을 만큼 가치 없는 생명이 아니라는 것입니다.

하나님은 우리들을 가치 있는 것으로 보아 주십니다. 미즈노 겐죠(水野源三) 씨는 눈을 깜박거림만으로 시를 쓴 사람입니다. 뇌성마비로 인해 말을 할 수도 손발을 움직일 수도 없는 사람이 사람들을 감동시키는 시를 쓰며, 실제로 생기 있는 인생을 보냈습니다.

　　말할 수 없네 쓸 수 없네

내 눈의
깜박임을 보며
한자 한자 주워서
시를 써 준다

하나의 시를 쓰는 데
10분, 20분, 30분
여동생의 사랑과 인내로
하나, 둘, 셋, 시가 탄생한다

하나님께
사랑받고
살림받고 있는
기쁨과 감사를
시로 계속 노래하네

그는 하나님의 눈을 통하여 자신을 평가할 수 있었던 사람입니다.

자신의 가치를 알았을 때 사람은 변합니다.

우리 어린이들은 가끔, 어째서 이런 잡동사니들을 귀하게 여기는 걸까 하고 생각되는 것들을 보물처럼 귀하게 생각합니다. 아이들은 그것을 사랑하고 있기 때문에 그것은 아이들에게 있어 가치 있는 존재입니다.

마찬가지로 하나님은 우리를 사랑해 주십니다. 그러기에 우리들이 어떤 상태에 있을지라도 그 사랑 때문에 우리들은 하나님께 있어서 가치 있는 존재가 되는 것입니다. 다른 사람들이나 당신이 가치가 없다고 하더라도 하나님이 사랑하고 계시기 때문에 당신은 가치가 있음을 잊지 마십시오.

하나님은 어떻게 당신을 사랑하고 계시는 걸까요. "사람이 친구를 위하여 자기 목숨을 버리면 이에서 더 큰 사랑이 없나니"(요 15:13)라는 유명한 말이 있습니다. 하나님은 당신을 너무 사랑한 나머지 십자가에 달려 죽어 주신 것입니다. 하나님은 생명을 걸어 당신을 사랑해 주시고 계십니다. 병원의 적십자, 여성들의 십자가 목걸이, 교회의 십자가를 볼 때마다 생각해 주십시오. "나는 깊이 사랑받고 있다"는 것을….

M 선생님은 어린 시절 소아마비에 걸려 걸을 수가 없게 되었습니다. 자신의 몸을 사람들 앞에 내어놓는 것이 싫어서 집에 틀어박힌 채 생활이 계속되었습니다. 그런데 M 선생님이 바뀌어진 것은 하나님의 희생적인 사랑을 알았을 때였습니다. "너희는 너희의 것이 아니라 값으로 산 것이 되었으니 그런즉 너희 몸으로 하나님께 영광을 돌리라"(고전 6:20). 이 성경 말씀을 접했을 때 인생이 바뀌었습니다. 지금은 자식들도 크고 손자들도 생기고, 전세계로 강연을 다니고 계십니다.

자신은 사랑받고 있다, 그리고 자기에게는 가치가 있다, 이렇게 실감할 수 있는 사람의 인생은 마음이 기뻐 뛰게 되는 것입니다.

당신은 유일한 존재

당신이 가치 있는 또 하나의 이유는 당신이 유일한 존재이기 때문입니다. 이 지구상에 50억 이상의 사람이 있는데도 누구 하나 당신과 같은 지문을 가진 사람은 없습니다. 당신의 성격, 능력, 사고, 느낌, 어느 것 하나를 보더라도 당신은 독특한 존재입니다.

자신의 유일성을 이해하지 못하면 "저 사람처럼 되고 싶어", "이 사람처럼 되고 싶어"라고 생각하여 다른 사람은 좋게 보이고, 자기 자신은 형편없다고 생각하기 쉽습니다. 다른 사람과 똑같이 될 필요는 없습니다. 당신은 당신이도록 만들어졌습니다. 당신은 당신으로 족한 것입니다.

한 청년은 태어날 때부터 얼굴 양쪽에 불그스레한 혼적이 있었습니다. 그것은 분명히 보기 싫은 것이었고, 이마에서 코로 내려와 입의 많은 부분에서 목으로 이어져 있었습니다. 그러나 이 청년은 아주 생기 있는 생활을 하고 있었습니다. 어느 사람이 용기 있게 그 이유를 물어 보았습니다. "그것은 아버지 덕분입니다"라고 그는 대답하였습니다. "기억의 실을 더듬어 보면 내 얼굴의 대부분은 내가 태어나기 전에 천사가 키스를 했었던 곳이라고 아버지가 가르쳐 주셨던 것입니다. 아버지는 '잘 기억해 두어라. 이 표시는 아버지를 위해서 있는 거란다. 그것 때문에 네가 우리 자식이라고 알 수 있단다. 네가 내 자식이라고 기억시켜 주기 위해 하나님은 네게 표시를 하신 것이란다' 라고 말씀하셨습니다. 어릴 적에 나는 아버지로부터 '너는 이 세계에서 가장 귀중하고 특별한 아이란다' 라고 들으며 자랐던 것입니다. 본심을 말씀 드리자면… 얼굴 양쪽에 태어날 때부터 점을 가지고 있지 않은 사람들에게 미안한 기분조차 있었습니다."(찰스 스윈돌의 「삼 보 전진 이 보 후퇴」—생명의 말씀사 간)

장애가 사람을 불행하게 하는 것이 아니고, 장애에 대한 사람의 생각이 그 사람을 행복하게도 불행하게도 하는 것입니다.

나는 카운셀링을 하면서, 많은 문제들의 배후에 Self Image의 낮음이 관계한다는 것을 알게 되었습니다. 이 책을 읽고 계시는 당신은 성경을 한 번도 읽어 본 적이 없는 분일지도 모르겠습니다. 그러나 감히 Self Image를 높이기 위한 방법으로서 하나님의 눈을 통하여 자기 자신을 평가하도록 말씀드리고 싶습니다. 그것은 제 경험상 이 것만큼 확실하게 사람의 Self Image를 건전하게 하는 방법을 모르기 때문입니다.

나는 사랑받고 있다, 나는 가치가 있다, 나는 나로 족하다, 이렇게 자신을 받아들일 수 있는 사람의 인생은 확신과 평안에 넘쳐 있습니다.

나는 전쟁으로 아버지를 잃고, 만주로부터 귀환한 사람으로서 아주 가난한 소년 시절을 보냈습니다. 간신히 고등학교까지 진학할 수 있었습니다만, 대학 진학은 단념하고 취직 반에 들어가 고등학교를 졸업하였습니다. 그 후의 제 인생은 동창생들 중에서도 특별히 별납니다. 대학 진학을 단념하고 있었던 제가 야간 대학에서 공부하고, 대학원에 진학, 유학 생활을 보내고, 석사 학위를 네 개나 취득하여 지금은 대학에서도 교편을 잡고 있습니다.

나는 국민학교 입학 당시 자기 이름조차 쓰질 못했습니다. 국민학교 5학년 정도까지는 교실에서 손을 들어 본 적이 없는 아이였습니다. 그런 내가 여기까지 변화받을 수 있었던 것은 18살 때 내 자신이 하나님께 사랑받고 있으며 가치가 있고 유일한 존재인 것을 알게 되었을 때부터입니다. 하나님의 눈을 통하여 자신을 평가할 수 있게 되면 인생은 변합니다.

당신의 인생을 풍성하게 하는 것은 지금까지의 당신의 성적도 능력도 아닙니다. 부모의 사회적 지위나 명성도 아닙니다. 또 경제력도 아닙니다. 당신 자신에 대한 생각입니다. 그것이 바뀌고 Self Image가 건전해질 때에 당신의 인생은 사람들에게 윤기를 주고 그들과 기쁨을 같이 나누며, 다른 사람을 격려하고 또한 감동시키는 것이 될 것입니다.

제 5장

잘못 투성이의 자녀 양육론

자녀 양육과 가족 관계

손자를 보기까지 결과는 알 수 없다

친자 관계에 대해 언급할 때 어느 연령 아이와의 관계를 이야기해야 할지 항상 망설입니다. 세 살 버릇 여든까지라는 말이 있듯이 어릴 때가 중요한 것은 틀림이 없습니다. 예방의 관점에서 말한다면, 태어나기 전이 중요하고, 좀더 올라가면 두 사람의 교제 당시부터 자녀 교육은 시작되었다고 말할 수 있을지 모르겠습니다.

자기의 아이를 잘 키웠다고 하는 것만으로는 부모의 책임이 끝나지 않았다고 생각합니다. 예를 들어 부모가 직업에 열중하여 아이에게 특별한 것을 해 주지 않았다 하더라도 아이는 제대로 자라는 경우가 있습니다. 그러나 이번에는 그 아이가 부모가 되어 자녀를 키울 때 문제가 발생합니다. 부모로서 어떻게 대처하면 좋을지 모델을 보지 않았기 때문에 자녀 양육을 알 수 없게 되고 마는 것입니다. 그렇기 때문에 자녀 양육의 결과는 손자를 볼 때까지 알 수 없다고 말할 수 있겠습니다.

부모 자식으로 편성해 본 네 가지 패턴

같은 부모로부터 태어난 아이라도 한 사람 한 사람 차이가 있습니다. 이것은 단순히 장자라든지 막내라든지 하는 차이뿐이 아니고, 태어날 때부터 타고난 그 아이의 독자성입니다. 어느 아이는 새로운 것에 금방 도전합니다. 또 어느 아이는 새로운 상황에 바로 익숙해집니다. 반대로 여간해서 새로운 상황이나 인간 관계에 친숙해지지 않는 아이가 있습니다.

이러한 차이를 정리해 보면 어린이에게는 다루기 쉬운 아이와 다루기 힘든 아이가 있습니다. 또한 부모도 좋은 부모와 좋지 않은 부모 두 종류가 있습니다.

좋은 부모란 완전한 부모를 말하는 것은 아닙니다. 여기에서 좋은 부모란 자신의 기본적인 필요를 거의 채우고, 자신의 약점을 거의 극복하며, 어느 정도 여유를 가지고 아이를 접할 수 있는 부모를 말합니다. 반대로 좋지 않은 부모란 자신의 충족되지 못한 부분을 아이에 의해 충족시키려 하고, 결과로써 아이를 희생시키는 부모를 말합니다.

이 두 가지의 부모와 아이의 조합을 패턴화시켜 본다면 네 가지의 종류가 생기게 됩니다. (그림 참조)

	다루기 쉬운아이	다루기 힘든아이
좋은 부모	+ +	− ⊕
좋지않은 부모	+ ⊖	− −

그림과 같이 다루기 쉬운 아이와 좋은 부모의 조합은 플러스와 플러스입니다. 이것은 가장 좋은 조합입니다. 여기서는 어떤 식으로 키우든 문제가 없다고 할 수 있습니다.

다음으로 다루기 쉬운 아이와 좋지 않은 부모의 조합인데, 이것은 플러스와 마이너스입니다.

마찬가지로 다루기 힘든 아이와 좋은 부모의 경우도 플러스와 마이너스입니다.

각각 플러스와 마이너스에 동그라미가 그려져 있는 것은 그 조합에 있어서는 동그라미가 그려진 쪽의 영향이 강하게 나타난다고 하는 것입니다. 같은 플러스와 마이너스라도 좋지 않은 부모와 다루기 쉬운 아이의 조합에서는 좋지 않은 부모의 마이너스 영향력이 강하게 나타납니다. 한편 다루기 힘든 아이와 좋은 부모의 조합에서는 좋은 부모의 플러스 영향력이 강하게 나타납니다.

그러면 문제는 네번째의 조합입니다. 이것은 좋지 않은 부모와 다루기 힘든 아이의 조합이기 때문에 양쪽 다 마이너스, 마이너스입니다. 치명적인 조합이라 할 수 있겠습니다. 그러나 이 경우에도 이미 말씀드린 것처럼 진정한 문제 해결법은 상대를 변화시키는 것이 아니고 자신을 변화시키는 것이기 때문에 부모가 '좋지 않은 부모'에서 '좋은 부모'로 변하면 마이너스가 플러스가 됩니다. 그리고 이 플러스의 힘이 강하게 작용하게 되는 것은 당연한 일입니다.

자녀 양육에 영향을 주는 네 가지 포인트

4, 5세 아이를 보고 있으면 "이 아이의 장래가 어떻게 될까" 하고 걱정이 되는 경우가 있습니다. 전문가가 아이와 부모를 보면 90% 확률

로 그 아이의 장래가 예측된다고 말합니다. 그들은 무엇을 관찰하는 것일까요.

(1) 아버지와의 관계

아버지가 아이를 가르치는 데 노터치(No Touch)하는 것은 아주 위험합니다.

"아이는 아내에게 맡긴다" 하고 일에만 전념하는 아버지가 있습니다마는 이것은 안 되는 것입니다. 잘 놀아 주는 한편 엄하게 버릇을 가르치는 것이 가장 중요합니다.

(2) 양친의 감독의 범위

아이가 어디에서 누구와 어떤 놀이를 하고 있는지 알고 있어야 합니다. 이것은 특히 맞벌이 가정에서 주의해야 할 점입니다.

미국에서는 아이가 젖을 떼기 전부터 아내가 일하러 나갑니다. 어느 전문가에 의하면 이것이 미국 가정을 붕괴시키고 있는 원인이라고 합니다. 분명히 오늘날의 미국에 있어서 가정 문제와 친자 문제는 대단히 큰 사회 문제의 하나가 되어 있습니다.

일본에서도 이제부터는 아내가 일하러 나가는 가정이 많아지겠지요. 이것은 아이가 클 경우에는 오히려 플러스가 될지 모르겠지만 어릴 때는 문제도 생기는 것입니다. 어머니가 감독할 수 있는 입장에 있지 않기 때문입니다.

(3) 부부 관계

가정 안에서 부부가 어떤 관계에 있는가하는 것은 중요한 요소입니다. 서로 으르렁대고 있는가 화목하고 있는가의 차이는 아주 큽니다.

(4) 가정에 단란함이 있는가

이것은 부부 관계의 문제와 밀접하게 연결되어 있습니다만 가족 전체의 관계가 어떻게 되어 있는가 하는 것입니다. 어느 조사에 의하면 비행 소년 소녀 가정의 80%는 가정에 웃음이 없다고 합니다. 서로 미소짓는 얼굴을 보이는 일이 없다는 것입니다.

아내는 남편이 회사에 가 있는 사이에는 웃는 일이 있어도, 저녁이 되고 남편의 귀가가 가까워 옴에 따라 얼굴이 긴장됩니다. "자, 치우자! 아빠가 돌아오잖니" "아버지가 돌아오면 큰일이다"라고 모두 긴장하는 것입니다. 단란함은 고사하고 말입니다.

2

모두 다른 사람 탓?

책임을 타인에게 전가

정신병원의 치료에서도, 학교 교육에서도, 가정 교육에서도, 오늘날만큼 '책임'에 관해 다시 생각하지 않으면 안 될 시기는 없습니다.

아나 럿셀(Anna Russell)은 책임 전가를 조롱하여 다음과 같은 노래를 포크송으로 노래했습니다.

"무엇이 원인이 되어 내가 고양이를 죽이고, 주인 눈에 멍을 들게 했는지 알고 싶었던 거야. 정신과 의사는 원인을 찾으려고 푹신푹신한 긴 의자에 나를 앉게 했다. 의사는 나의 잠재의식으로부터 다음과 같은 것을 끌어모았다. 내가 한 살이었을 때 엄마가 내 인형을 트렁크에 숨겼다. 그래서 나는 항상 술 취해 있다는 것이 되었다. 내가 두 살이었을 때 어느 날 아버지가 식모에게 키스하는 것을 보고 말았다. 그래서 나는 지금 도벽으로 괴로워하고 있다는 것이다. 내가 세 살 때에 남자 형제에 대해 사랑과 미움의 대립 감정을 동시에 느꼈다. 그래서 나는 사랑하는 사람 모두를 나쁘게 만들고 말았던 것이다. 그러나 지금 나는 행복하다. 이것으로 교훈을 얻을 수 있었기 때문이다. 다시 말해 내가 하는 것 중에 제대로 안 되는 것은 모두 누군가의 탓이라고 하는 것이다."

카운슬링에서는 자칫 잘못하면 문제의 책임이 다른 사람이나 상황에 있다고 생각하게 합니다.

"내가 이렇게 된 것은 당신(아버지) 탓입니다. 그러므로 당신은 내게 매달 30만 원을 지불하시오." 이렇게 주장하는 아들에게 매달 30만 원을 지불하고 있는 아버지가 있습니다.

"내가 이렇게 된 것은 아빠 엄마가 나보다도 위의 언니와 아래 동생을 귀여워하고, 나를 사랑해 주지 않았기 때문이다." 이렇게 호소하는 딸이 있습니다. 그녀는 병으로 고통받고 있으며, 자신의 원망스러운 생각을 해결하지 않으면 병도 낫지 않을 것이라고 어렴풋이 느끼고 있습니다.

"내가 선생님을 때린 것은 그게(교사) 기분 나쁜 말을 했기 때문이다." 이런 교내 폭력 상습 중학생이 있습니다.

"내가 이렇게 된 것은 하나님 탓이다. 하나님이 나를 이렇게 만들었기 때문이다." "내가 행복하지 않은 것은 남편 탓이다. 다른 사람과 결혼했더라면 이렇게 불행하게 되지는 않았을 텐데…."

이런 기록은 끝이 없습니다. 문제가 어떤 것이든, 스스로 책임을 지는 것을 익히지 않으면 진정한 해결은 없습니다. 세상은 마치 무책임 시대로 되어 있다고 할 수 있습니다. 최근에는 별의 움직임으로부터 혈액형에 이르기까지 책임 회피의 수단이 되어져 버렸습니다. "나는 A형이고, 이런 반응은 A형 특유의 것이므로 어쩔 수 없어요." 그러나 무슨 형이든 간에, 당신은 자신의 행동에 책임을 져야만 합니다.

세익스피어는 등장 인물에게 이렇게 말하게 하고 있습니다. "사랑하는 부르터스, 과오는 우리 우주 안에 있는 것은 아니다. 자신의 몸 안에 있고 우리들은 그 하수인인 것이다."(「쥴리어스 시저」 중에서)

'동기 부여' 와 '원인' 의 차이

"이 사람이 이렇게 된 것은 무엇이 원인이었을까요?" 이렇게 묻는 사람이 있습니다. 우리들 대부분은 과거로 거슬러 올라가 원인을 찾으려고 합니다. 하지만 "이 아이가 이렇게 된 것은 부모가 이렇게 하지 않았기 때문이다, 그렇게 하지 않았기 때문이다"라고 말했다 한들 문제가 완전히 해결된 것은 아닙니다. 동기 부여와 원인에는 차이가 있습니다. 과거에 어느 사건이 동기가 되었을지는 모릅니다만, 이것이 원인이 되었다고 하는 것은 맞지 않습니다.

우리들은 '자극→반응'의 패턴에 묶일 필요가 없고, 또 그렇게 되어서도 안 됩니다. 예를 들면 누군가에게 욕을 먹고 화를 내는 것은 '욕→분노'의 패턴입니다. 그러나 욕은 이 경우 동기 부여가 되기는 했으나, 원인은 아닙니다. 욕을 먹고 화내는 사람이 있는가 하면 화내지 않는 사람도 있습니다. 그러므로 저 사람이 나를 화나게 했다고 하는 표현은 바르지 않습니다. 화내거나 화내지 않는 것은 내가 결정하는 것이지, 다른 사람이 결정하는 것이 아니기 때문입니다.

스위치를 넣으면 욕을 하는 로버트가 있다고 합시다. "너는 바보다, 팔푼이다, 너 같은 것 죽어 버려라…"라고 로버트가 말했다고 합시다. 아마도 이 로버트에 대해 화내는 사람은 없을 것입니다. 오히려 웃는 사람이 많을지도 모르겠습니다. 여기에는 '욕→분노'의 패턴이 없습니다. 그러므로 여기에서 욕은 분노의 원인도 동기 부여도 되고 있지 않은 것입니다.

카운슬링을 하면서 가끔 생각합니다. 지금은 '부모를 미워하는 어린이 시대'라고 말입니다. 자신의 행동에 책임을 지도록 가르침받지 못한 중학생이 말했습니다. "내가 이렇게 된 것은 부모 때문이다." 무슨 일에든지, 누군가의 탓을 하는 한 진정한 해결은 없습니다.

정신병 환자가 살상 사건을 일으켜도 그 책임을 묻지 않는 경우가 자주 있습니다. 이것을 이상하게 생각하고 있는 사람이 많이 있는 것은 신문의 투서에서도 벌써 잘 알 수 있습니다. 이것은 인권 문제가 얽혀진 복잡한 문제이겠지만 개인의 책임을 추궁하지 않는 방법은 반드시 문제를 남기는 것입니다. 정신 분석이 남긴 문제점의 한 가지를 여기에 있다고 보는 식자도 적지 않습니다.

책임을 갖게 한다

"내가 이렇게 된 것은…"이라는 변명에 대해 생각해 보기로 합시다. 이 사람이 말하는 대로라면, 그와 같은 가정 환경인 사람 모두가 그와 같이 되어야만 합니다. 그러나 사실은 다릅니다.

프랑크 바레인(Frank Vallein) 박사는 캘리포니아 대학 부속인 인물 측정 연구소에서 면접했던 한 청년에 대해 말하고 있습니다.

이 청년이 사춘기 때 어머니가 정신 장애를 일으켜 결국 회복되지 못했습니다. 아버지는 알콜 중독자로 방랑벽이 있고, 몇 번씩이나 집을 버리고 증발해 버렸습니다. 결국 1930년대의 경제 공황의 결과로 이 일가는 극빈 상태에 빠지게 되었습니다. 이러한 배경을 가진 청년은 비행 소년이 될 것이라 예상되었습니다. 그러나 반대로 청년이 경험했던 어려움은 인격을 연마하고 연구소의 인격 테스트에서 예전에 없었던 고득점을 획득하게 이르렀던 것입니다.

바레인 박사는 말합니다. "인격의 건전함은 문제가 있고 없고에 의해 결정되는 것이 아니라, 문제에 대한 대응의 방법에 의해 결정된다."

상황이 어찌 되든 간에, 문제가 무엇이든 간에, 사람은 자신의 대응 방법을 스스로 결정할 수가 있습니다. 책임이란 다른 사람이나 상황을 탓하지 않는 것입니다.

얼마 전 자녀 교육에 있어서 아이에게 책임을 갖게 하는 것에 대하여 어느 어머니와 함께 이야기하였습니다. 국민학생인 A라는 아이는 도벽 상습범이라는 것이었습니다. 어머니는 몇 번씩이나 A를 데리고 사과하러 갔다는 것이었습니다.

"훔친 물건의 변상은 어떻게 하고 있습니까?"라고 물어 보니까 "제가 합니다"라고 어머니가 대답했습니다. A라는 아이는 그 변상에 대해 아무런 관계를 가지고 있지 않다는 것입니다. 이래서는 A의 도벽이 고쳐지기 힘든 것은 당연합니다. A에게 책임을 지게 하기 위해서는 A의 용돈에서 변상시킬 필요가 있겠지요. 용돈 전부를 변상에 충당하게 되면 또 훔치고 싶은 유혹이 강해지기 때문에, 반절 정도 변상하는 데 쓰게 하고, 부족한 액수에 관해서는 집에서 무엇이든 일을 하게 하고, 그것에 대해 돈을 지불하는 것도 하나의 방법입니다. 물론 일은 평소 하지 않던 일을 하게 하고 아이에게 있어서는 일을 더하게 되는 만큼 자유도 구속받게 됩니다.

이렇게 해서 A라는 아이는 자신의 행위에 대한 당연한 결과를 경험하게 됩니다. 훔친 물건에 대한 변상도 같은 금액이 아니고, 성서적으로 두 배로 한다면 훨씬 효과적이겠지요. 중요한 것은 아이가 자신의 행위에 대한 당연한 결과를 경험하고 책임 있는 존재가 되도록 돕는 것입니다. 교내 폭력이나 친구 학대(이지메) 문제도 개인의 책임이 추구되어지지 않으면 언제까지고 계속될 것입니다.

윌리암 그래셔(William Glasser) 박사는 캘리포니아 주립 벤텔라 여자 훈련소(The Ventura School for Girls)에서 비행 소녀의 갱생에 있어, 책임을 강조하는 프로그램을 실시하여 놀라운 성공률을 얻었습니다.

로스앤젤스의 VA병원 206병동은 정신병 중환자가 가는 곳으로 환자의 회복에 대한 기대는 벌써 잃어버린 것이었습니다. 그러나 '책임'을 강조한 프로그램을 실시함으로써 퇴원 환자가 급증했습니다. 그 때까지는 평균 두 사람밖에 퇴원하지 않았었는데 책임을 강조한 프로그램을 적용하여 1년 후에는 75명이 퇴원하고, 다음 해는 200명이나 퇴원이 예측되어지는 사태가 되었던 것입니다.

개인의 책임, 이것은 정신병원에서도 학교에서도 소년원에서도 가정에서도 추구되어져야만 하는 중요한 것입니다.

아이들은 무책임한 행동으로 부모를 시험하려고 합니다. 그러나 그 때마다 부모가 책임 있는 행동을 취하면서 아이에게 행동에 대한 책임을 갖도록 가르칠 수가 있습니다. 책임은 어떤 나이에 있어서도 학습할 수 있는 것이지만 빠를수록 좋은 것입니다.

3

혼란해져 있는 자녀 양육론

시대에 따라 변하는 자녀 양육론

자녀 교육에는 여러 가지 사고방식이 있습니다. 프로이드가 나와, 이 아이가 이렇게 된 것은 어머니가 너무 엄했기 때문이라고 하면 엄하지 않은 방향으로 변합니다. 엄하지 않으면 당연히 문제도 나타납니다. 그래서 엄하지 않았기 때문에 이렇게 되었다고 말하면 또 엄한 방향으로 가게 됩니다. 마치 시계추와 같아서 오른쪽으로 갔다 왼쪽으로 갔다 하는 것입니다.

전문가로 불려지는 사람들 사이에서도 의견이 제각각입니다. 전문가 자신의 아이들이라도 문제아가 안 되는 것은 아닙니다. 최근에 교육자의 자녀나 손자가 대사건을 일으키고 있는 것이 신문 등에 보도되어지고 있습니다. 교육자는 교육 평론가는 될 수 있지만 자기 집의 자녀 교육에 있어서는 두려워서 말을 할 수 없다고 합니다.

교육 방법에 있어서도 어떤 사람은 방임주의로 잘 키웠다고 말하기도 하고 또 다른 사람은 스파르타식으로 잘 컸다고 말합니다.

S 박사의 육아서는 일본어로도 번역되어져 많은 사람들에게 읽혀지며 영향을 주고 있습니다. 그러나 같은 S 박사의 책이라도 초기의 책과 최근의 책과는 커다란 차이가 있는 것을 알게 되었습니다. 처음에는 관용적이었던 것이 최근에는 엄격한 접근 방법이 되었습니다.

어느 땐가 돕슨(Dobson) 박사가 이 점을 지적하여 "생각을 바꾼 것입니까"라고 질문한 적이 있었습니다. 그 때 S 박사는 "바뀌지 않았다. 그것은 출판사의 탓이다"라고 말했다 합니다.

그러나 최근 내가 어느 소식통으로부터 들은 정보에 의하면, S 박사 자신의 초기 책에는 잘못이 있다고 인정하고 있다는 것입니다. 그러면 초기에 나온 책으로 자녀 양육을 한 가정은 어떻게 되는 것일까요. 20년 이상 지나고서야 "실은 조금 잘못된 곳이 있었습니다"라는 것으로는 곤란합니다. 쥐 실험이라면 다시 시작해도 되겠지만 자신의 아이는 다시 키울 수가 없기 때문입니다.

토마스 고든(Thomas Gordon) 박사의 '부모 훈련'이 일본에도 소개되어 주목받고 있습니다. 부모 자식의 커뮤니케이션에 관해서는 좋은 공부가 된다고 생각합니다만, 이것도 문제가 없는 것은 아닙니다. 돕슨 박사가 고든 박사에게 인간성을 어떻게 보고 있는가를 텔레비전 대담에서 물었습니다. 다시 말해 인간은 선천적으로 선이냐 악이냐 하는 질문입니다. 성선설이냐, 성악설이냐에 관하여는 역사 속에서 끊임없이 논쟁되어지는 문제입니다.

고든 박사는 인간은 선천적으로 선하다는 생각을 가지고 있고, 그것에 근거하여 '부모 훈련'(親業訓練)이 성립하고 있습니다. 하지만 책을 읽어 보면 아시겠지만, 돕슨 박사는 '부모 훈련'에 대한 걱정을 표명하고 있습니다. 분명히 저도 문제가 있다고 생각합니다. 막 태어난 아이를 '부모 훈련'의 방식으로 키울 경우, 때로는 유해함조차 있는 것이 아닐까 생각합니다.

미국에서는 소년 소녀 비행이 증가해서, 그 대책으로서 '미네소타 범죄 위원회'가 조직되었습니다. 그 위원회는 비행의 원인에 관해 언급하면서, 다음과 같은 보고서를 내고 있습니다.

"신생아는 모두 야만인과 같은 상태에서 인생을 시작한다. 그는 완전히 이기적, 자기 중심적이다. 자기가 필요한 때에 필요한 것을 요구한다. 다시 말해 젖, 부모의 주목, 친구의 장난감, 아저씨 시계 등을 말이다. 이 때 거부할 경우 분노와 공격으로 떠들어대고, 무력하지만 않다면 살인적이기까지 하다. 그에게는 도덕도 지식도 기술도 없다. 이것이 의미하는 것은 모든 어린이가 — 어느 일부의 어린이만이 아니고, 모든 어린이가 — 태어나면서 비행 소년 소녀라는 것이다. 만약 이 유아의 자기 중심성이 계속되고 충동적인 행위가 허용되어 자기의 원망(願望)을 계속하여 채워 나간다면, 모든 어린이가 성장했을 때 범죄인, 도둑, 살인자, 부녀 폭행자가 될 것이다."

이 보고서에 의하면, 인간은 선하다고 단순히 생각할 수 없는 존재라는 것을 알 수 있습니다. 인간이 근본적으로 선이라면 악의 교정은 필요없습니다. 이것에 근거한 자녀 양육은 당연히 엄함이 결핍되게 됩니다. '부모 훈련'의 문제점을 들자면 이 점이 가장 큰 문제가 될 것입니다. 이 것이 돕슨 박사도 걱정하는 점입니다.

매와 질책

강연 여행으로 여기저기 다니다 보면 여러 가정의 신세를 지게 됩니다. 그 가정들은 각기 나름대로의 독특한 가정을 꾸미고 계십니다.

어느 가정에서 신세지면서 많은 것을 배운 적이 있습니다. 이 가정에는 다섯 명의 아이가 있었습니다. 위가 국민학교 5학년이고 막내가 기저귀를 차고 있었습니다.

그래서 가족 전체가 함께 식사하게 되면 상당히 떠들썩할 것이라 생각했습니다. 그러나 뜻밖에도 정말로 조용하고 정연하였습니다. 아이가 방안에서 뭔가를 하면서 놀기 시작했을 때 아버지가 "철수야, 방안에서는 그거 하지 말자"라고 한 마디 하니까 아이는 금방 말을 들었습니다. 정말 상쾌한 기분이었습니다. 최근에 부모의 한 마디로 아이가 순종하는 가정은 극히 드물다고 할 수 있습니다.

아이가 부모의 말을 듣지 않는다는 것은 부모를 존경하고 있지 않다는 것입니다. 성경은 "자녀들아 너희 부모를 주 안에서 순종하라"(엡 6:1) "네 부모를 공경하라"(출 20:12)고 가르치고 있는데도, 부모가 오히려 자녀들에게 자신들을 공경하지 않아도 되는 것같이 가르치고 있는 경우가 있습니다.

나는 이 가정에서는 어떻게 아이들의 버릇을 가르치고 있는가를 물어 보았습니다. 이분은 대학생 시절 서독에서 온 선교사의 영향으로 성경을 읽게 되었다고 합니다. 그리고 의학부를 졸업하고 서독에 일년간 유학을 했습니다. 그러는 중에 크리스천 가정의 자녀 교육을 직접 보고, 자기도 아이가 생기면 이렇게 자녀를 키우고 싶다고 생각했다고 합니다.

이 이야기를 듣고 있는 동안에 이분 가정에는 매가 있는 것을 알게 되었습니다. 저는 점점 흥미가 생겨 물었습니다. "무엇을 사용하고 계십니까?" 그분은 대나무 자를 사용하고 있다는 것이었습니다. 그것도 두 개째라는 것이었습니다. 첫번째 자는 부러져 버렸다고 했습니다.

이 가정을 보면서 저는 성경 말씀을 생각했습니다. "초달을 차마 못하는 자는 그 자식을 미워함이라 자식을 사랑하는 자는 근실히 징계하느니라"(잠 13:24). 잠언에는 매와 질책이 반복되어 나옵니다. 악의 경향이 없다면 이렇게 매와 질책의 필요를 반복하여 말할 필요도 없습니다. 악의 경향이 있기 때문에 그 경향을 매와 질책으로 교정하여야만 하는 것입니다.

말을 듣지 않는 아이

유감스럽게도 아이가 부모의 한 마디에 말을 듣는 경우는 제가 알고 있는 한 아주 드문 일입니다.

어느 가정의 이야기입니다. 유치원에 다니는 철수가 전기가 꺼져 있는 어두컴컴한 속에서 책을 읽고 있었습니다. 엄마가 말했습니다.

"철수야, 어두운 곳에서 책을 읽으면 눈이 나빠지니 그만둬라."

저는 평소의 친자 관계를 알고 있었기 때문에, 철수는 아마 말을 듣지 않을 거라고 생각했습니다. 아니나 다를까, 철수는 엄마의 목소리를 못 들은 척하고 있었습니다. 들리지 않을 거리는 아닙니다. 제가 손을 뻗으면 엄마에게도 철수에게도 닿는 거리였습니다. 엄마의 목소리의 높이가 올라갔습니다.

"철수야, 어두운 데서 책을 읽으면 눈이 나빠지니 그만 읽어라."

아직도 들리지 않은 척하고 있습니다.

"철수야!"

엄마의 목소리 높이가 그 때마다 올라갔습니다. 철수는 안 들리는 척하고 있습니다. 손님 앞에서는 아이가 평상시와 다른 행동을 하긴 합니다만 그렇다 치더라도 심한 것 같았습니다. 내 쪽이 철수 가까운 쪽에 있었기 때문에 견딜 수 없어서 책을 빼앗습니다.

만약 안 들렸었더라면 책을 갑자기 빼앗았으니 깜짝 놀라 제게 항의해도 좋을 것 같았지만, 아무 말도 하지 않습니다. 내 얼굴조차 보지 않았습니다. 역시 엄마 목소리를 듣고 있었던 것입니다. 저는 문득 '이 아이가 중학생이라도 되면 어떤 아이가 될까' 라고 생각했습니다.

부모의 말을 듣지 않는 아이는 부모를 존경하고 있지 않는 아이입니다. 성경에 의하면 부모를 존경하지 않는 아이에게는 행복도 장수도 약속되어 있지 않습니다. 우리들은 아이들에게 존경받는 부모가 되어야만 합니다. 그러기 위해서는 어릴 때부터 부모의 한 마디에 바르게 응답하는 아이로 키워야 합니다.

어린이는 선과 악의 경향을 가지고 있다

"마땅히 그의 행할 길을 아이에게 가르치라 그리하면 늙어도 그것을 떠나지 아니하리라"(잠 22:6)

여기에서 말하는 '아이' 란 막 태어난 신생아로부터 부모 슬하를 떠나는 나이까지의 아이를 전부 포함하고 있습니다. '행할 길' 이란 부모가 바르다고 생각하는 길이 아니고 아이의 경향을 말합니다. '그 행할 길' 의 '그' 란 '그 사람' 이라고도 읽을 수 있습니다. 아이를 그 아이의 경향에 따라 훈련하라는 것입니다.

그런데 여기에서 우리들은 아이들에게 두 가지의 경향이 있는 것을 분명히 이해하여야만 합니다. 한 가지는 좋은 경향이고, 또 한 가지는 나쁜 경향입니다. 어린이에게는 순진함이나 천진난만함 등의 좋은 경향이 있습니다. 예수 그리스도도 "어린아이가 오게 내버려 두라. 누구든지 어린아이와 같지 아니하면 하나님 나라에 들어갈 수 없다"

고 말씀하고 계십니다.

현대의 유아 교육의 기본이 되는 생각은, 어린이는 천사와 같다는 겁니다. 그러나 어린이를 잘 보고 있으면 이것은 보통내기가 넘는 천사라고 생각되는 일이 많습니다.

"이것은 내 것, 이것은 내 강아지, 여기는 내가 햇볕 쬐려고 맡은 자리"라는 식으로 자아를 그대로 드러냅니다. 이 나쁜 경향은 교정되지 않으면 안 됩니다. 게다가 이 교정은 빠르면 빠를수록 좋은 것입니다.

"늙어도 그것을 떠나지 아니하리라"고 했는데, '늙어도' 란 반드시 '노인이 되어도' 라는 의미가 아닙니다. '늙어도' 의 원어에는 '턱에 수염이 나더라도' 라는 의미가 있습니다. 남성에게 턱에 수염이 나는 것은 언제일까요. 노인이 되어서가 아니고 사춘기에 접어들고나서부터입니다. 사춘기에 들어가 성인이 되었을 때 그 때까지 받았던 훈련이 평생 동안 몸에 배게 된다고 하는 것입니다.

이것은 약속이라고 볼 수 있습니다만, 경고라고도 볼 수 있습니다. 훈련 나름이겠지만, 사춘기 전에 받은 빈곤한 훈련을 평생 가지고 생활할 수도 있다는 것입니다.

이러한 성경의 경고에 겸허히 귀를 기울이고 어린이를 두 가지 경향에 따라 훈련시켰으면 좋겠습니다. 좋은 경향에는 협력을, 나쁜 경향에는 교정을 말입니다.

현대에 하기 쉬운 생각입니다만, 인간에게는 선한 경향만이 있다고 하는 생각은 위험합니다. 사람은 악에 대한 경향을 가지고 있는 것입니다.

사랑은 전달되고 있는가

'엄한 것' 만으로는 문제

악한 경향에 대한 교정에는 당연히 엄함이 요구되어집니다. 그러나 엄한 것만으로는 문제입니다. 수년 전 신문에 한 사건이 보도되었습니다. 바로 국민학생 치한 사건인데 그 보도를 들은 우리들은 모두 놀랐습니다. 신문 보도에 의하면 "부모가 너무 엄했다. 그리고 주위로부터 엄하게 하라고 요구받고 있던 부모들은 당혹감을 느끼고 있다"라고 씌어 있었습니다.

저는 이 어머니의 엄한 것이란 어떤 것이었을까 생각했습니다. 더 읽어 보니까 "엄마는 잔소리가 심하여 주위 사람들이 아이를 보고 불쌍히 생각할 정도였다"라고 기록되어 있었습니다.

이렇게 엄한 것은 사랑이 없는 엄함입니다. 교육에서 요구되어지는 엄함이란 사랑이 담긴 엄함입니다. 사랑이 없이 오직 엄한 것은 왕왕 마이너스가 될 뿐입니다.

사랑은 전달되고 있는가

대부분의 경우, 친자 관계에서 사랑이 잘 전달되고 있지 않는 것 같습니다. 부모는 사랑하기 때문에 아이에게 잔소리를 하는지 모르겠습니다. 그러나 잔소리를 한다고 해서 사랑이 전달되는 것은 아닙니다.

시험적으로 아내가 남편에게 잔소리를 시작해 보십시오. 남편은 그것에 대해 '나는 사랑받고 있다'고 생각지는 않을 것입니다. 그러기는 커녕 점점 집에 돌아오는 시간이 늦어질 뿐입니다. 밤 열두 시가 되어도 이상할 것이 없다는 듯 말입니다. 그러므로 잔소리를 하는 것만으로는 사랑은 전해지지 않습니다.

잔소리를 들으며 큰 문제아의 대부분은 '자기는 사랑받지 못하고 있다', '자기는 이해받지 못한다', '자기는 가치가 없다' 라고 생각하며 성장되어진 것을 잘 알 수 있습니다.

한 어머니가 막내딸 등교 거부 문제로 상담하러 오셨습니다. "저는 위의 아이에게도 밑의 아이에게도 똑같이 대하고 있는데, 어째서 이 아이만 이렇게 된 것일까요?" 저는 이야기를 들으며 생각했습니다. 똑같이 대했기 때문에 이렇게 된 것이 아닐까 하고요. 아이는 모두 다릅니다. 똑같이 대하더라도, 위의 아이는 사랑을 느끼고 아래 동생은 사랑을 느끼지 않을지 모릅니다. 어떻게 하면 사랑을 느끼는가는 사람에 따라 다릅니다. 사랑의 언어가 다르기 때문입니다

아래 동생은 말했습니다. "엄마는 나보다 언니를 좋아해요." 엄마는 똑같이 대했다고 생각하는데도 아래 동생은 언니가 자기 이상으로 사랑받고 있다고 느끼고 있었던 것입니다.

교내 폭력으로 주시받고 있는 중학생 남자아이는 "형과 여동생은

천재다"라고 말했습니다. 자기는 전혀 쓸모없고 부모는 아무런 기대도 하고 있지 않다고 생각하고 있었던 것입니다. 가운데 아이는 아무리 해도 주목의 대상이 되지 않습니다. 그렇기 때문에 교내 폭력으로 주목받는 쪽이 무시받는 것보다는 낫다고 생각한 셈입니다. 그러므로 부모는 아이가 사랑을 느낄 수 있는 방법으로 전달하지 않으면 안 됩니다.

부부 관계에서도 마찬가지입니다. 남편의 사랑은 자주 아내에게 전달되지 않고 있는 것 같습니다. 부부는 상대를 위한 서로의 사랑의 언어를 배워야만 합니다.

아이와 놀자

아이들은 부모에게 사랑받고 있다는 것을 어떻게 아는 것일까요. 어느 어린이가 대답했습니다. "우리 아빠는 우리와 놀아 주니까."

그렇습니다. 아이는 부모가 놀아 주는 것에 의해 사랑을 느낍니다. 아이가 작으면 작을수록 아이와 노는 것은 상당히 중요합니다. 물건을 사 주는 것보다도 함께 놀아 주었을 때 어린이는 부모의 사랑을 느낍니다.

저는 카운슬링 현장에서 때로는 "아버지는 어떤 사람이었는가"라고 물어 보는 경우가 있습니다. 그럴 때마다 이상한 사실을 알게 되었습니다. 카운슬링을 받으러 오는 젊은 청년 남녀의 대부분은 아버지가 놀아 준 기억을 가지고 있지 않다는 것입니다. 아버지와 놀지 않았을 리는 없습니다. 그러나 아이의 기억에 남지 않을 정도였었던 것입니다. 그들의 마음은 병을 앓고 있습니다.

어린이가 성장기에 있을 쯤의 아버지는 다망합니다. 회사에만 얽매여 있는 아버지가 아이의 얼굴을 보지 못하는 주간이 계속되는 경우는 드물지 않습니다. 아버지에게 있어서 아이는 우선 순위의 아래쪽에 와 있는 것입니다.

나는 세상의 아버지들은 모든 것의 우선 순위를 일 앞에 아이, 아이 앞에 아내로 바꿔야만 한다고 생각합니다. 아이가 놀아 주기를 바라는 시기는 아주 잠깐입니다. 가까운 시일 내에 아버지와 노는 것보다도 친구와 노는 것을 좋아하게 됩니다. 그러므로 놀 수 있을 때에 놀아 주어야만 합니다.

허리 차핀(Harry Chapin)이 "요람 안의 고양이"라는 노래를 기타에 맞춰 불렀습니다. 이런 내용입니다.

아이가 얼마 전에 태어났다.
지극히 당연하게 태어났다.
나는 비행기를 타고, 청구서를 쓰는 등의 바쁜 매일.
아이는 나 없는 사이에 걷기 시작하고
모르는 사이에 말하기 시작했다.
성장해서는 자주 입에 담은 말.
"나, 아빠처럼 될 거야.
반드시 아빠처럼 될 거야."
고양이는 요람, 은 숟가락.
파아란 인형에 달 인형.

"아빠 언제 돌아와?"
"모르겠어. 하지만 돌아오면 같이 놀자.
즐겁게 놀자."

아들은 어제 열 살이 되었다.
"아빠, 고마워요. 자, 같이 놀아 줘요.
던지는 법 가르쳐 줘."
"오늘은 안돼.
해야 할 일이 많이 있어."
"알았어"라고 저쪽으로 가는 아들의
미소는 밝았지.
"나, 아빠처럼 될 거야.
반드시 아빠처럼 될 거야."
고양이는 요람, 은 숟가락.
파아란 인형에 달 인형.

"아빠, 언제 돌아오지?"
"모르겠어. 하지만 돌아오면 같이 놀자.
즐겁게 놀자."

아들은 어제 대학에서 돌아왔다.
못 알아 볼 정도로 용감하게 되어서,
나는 불쑥 말했다.
"자랑스럽다. 잠깐 앉아라."
아들은 고개를 옆으로 저으며 미소지었다.
"실은 차 열쇠를 빌리고 싶어요. 나중에요.
그렇죠. 괜찮지요. 부탁해요."
"언제 돌아올 거니?"
"몰라요. 하지만 돌아오면 같이 놀아요.

즐겁게 놀아요."
고양이는 요람, 은 숟가락.
파아란 인형에 달 인형.

나는 퇴직하고 아들도 집을 나갔다..
어제 아들에게 전화했다.
"될 수 있으면 만나고 싶다."
"네, 시간이 있으면 만나고 싶어요.
하지만 새로운 일이 힘들고 말이죠.
게다가 아이가 유행성 감기라서요.
하지만 전화로 이야기할 수 있어 기뻤어요.
정말 즐거웠어요."
전화를 끊고 나는 문득 생각했다.
아들은 성장하여 나와 똑같아졌다는 것을.

아버지와 아이의 관계를 훌륭하게 지적한 노래입니다.

하루 37.7초

미국 코넬 대학에서 이런 조사를 했습니다. 10일 간에 걸쳐 아버지
가 아이와 놀아 주고 있는 시간을 집계해 본 것입니다. 아버지는 자
기가 하루 평균 20~40분은 놀고 있다고 대답했습니다만 실제의 시간
을 측정해 보니까 하루 평균 37.7초, 초 단위였다는 것입니다. 이것
은 미국의 조사입니다만 일본은 더 심할지도 모르겠습니다.
　다음의 아사히 신문의 연재 만화는 일본 가정을 대표하고 있을지도

모르겠습니다.

아사히신문 1984년 10월 7일자

아이에게 있어서는 놀아 주는 것이 가장 중요합니다. 가령 바쁘더라도 아이와 노는 시간을 만들도록 노력해 주십시오.

가정 문제의 권위자 하워드 핸드릭스(Howard G. Hendricks) 박사는 이렇게 말했습니다. "만약 당신이 아이와 놀아 주지 않고 있다면, 당신에게는 아이를 엄하게 가르칠 자격이 없다"라고. 분명히 그렇다고 생각합니다. 아이와 놀아 주고 있지 않은 부모는 사랑을 전달하고 있지 않는 것입니다. 단지 엄하게만 하면 "아버지는 무서워"라고 생각하게 됩니다.

어느 날 어머니가 자녀 일로 상담하러 오셨습니다. 놀고 있는 아이가 가까이에 있었기 때문에 살짝 물어 보았습니다.

"아버지 무섭니, 무섭지 않니?"

아이는 "무서워"라고 대답했습니다.

"엄마 무섭니, 무섭지 않니?"

아이는 "무섭지 않아"라고 대답했습니다. 아이가 제 질문을 바르게 이해하였는지 아닌지를 확인하기 위하여 나는 한 번 더 질문을 해 보았습니다. 대답은 마찬가지였습니다. 이 아이의 아버지는 아이와 놀 필요가 있습니다. 놀아 주지 않는 아버지가 엄하게 하면 아버지에게 무섭다고 하는 인상밖에 남지 않습니다.

아이가 어느 정도 크면 어릴 때와는 달리 감정을 얼굴에 나타내지 않게 되기 때문에, 아이의 기분을 이해하기가 어려워집니다.

어느 아버지의 일기에 이렇게 기록되어 있었습니다.

"○월○일. 맑음. 오늘은 아들을 낚시에 데리고 갔다. 아들은 시종 일관 재미없는 듯한 얼굴을 하고 있었다. 쓸모없는 하루였다. 이젠 더이상 아들을 낚시에 데리고 가지 않겠다."

아들은 아버지가 생각한 것처럼 재미없는 경험을 한 것일까요.

같은 날의 아들 일기에는 이렇게 적혀져 있었습니다.

"○월 ○일. 오늘은 아버지와 낚시를 갔다. 정말 즐거운 하루였다."

아이는 즐거운 경험을 한 것입니다. 아버지가 딸과 사이클링을 하기도 하고 엄마가 아들과 테니스를 하기도 해서 시간을 함께하는 경험은 중요한 것입니다.

어린아이가 놀아 달라고 하는 기분에는 제한이 없습니다. 제 아이가 아직 학교에 가기 전쯤의 일입니다만, 어느 날 동물원에 데리고 갔습니다. 그리고 "오늘은 하루 종일 아이와 놀아 주었다"라고 자기 만족을 느끼며 집에 돌아왔습니다. 그런데 집에 들어가자마자 아이가 말하는 것이었습니다.

"아버지, 놀아요." "어라어라, 좀 기다려 봐. 지금까지 아빠는 일 하고 있었던 거 아니다. 너희들과 놀고 있었잖아"라고 말하고 싶어졌습니다.

자기 전에 책을 읽어 주고, 기도하고 "잘 자라"라고 하면 아이가 자주 말했었습니다. "아빠 내일 같이 놀자." "내일은 아빠 일하러 나가야 한다." "그럼 일 끝나면 같이 놀자." "일 때문에 늦게 돌아온단다." "그럼 늦게 돌아오면 나중에 놀자."

어느 때는 "'아이들이 기다리고 있기 때문에 먼저 실례합니다' 라고 하고 빨리 돌아오면 어때"라고 명안을 내 주기도 합니다.

"잠깐만, 오늘은 안 돼. 일이 있으니까"라고 말할 때마다 앞에 적은 노래를 생각하며 깜짝 놀랍니다.

말로 가치를 전달하자

"인간은 자기 스스로에게 말하고 있는 동물이며, 말하는 내용의 대부분은 부정적이다"라고 어느 심리학자가 말하고 있습니다. 이것은 자신에게 말할 때뿐만이 아니고, 타인에게 말할 때도 그렇다고 할 수 있지 않을까요. 부모의 말의 대부분은 부정적입니다. 아이가 어릴 적에는 어머니의 말이 대부분 본능적으로 격려하는 말일 수 있습니다.

"어머! 철수야, 참 좋은 변을 봤구나." 어릴 때는 변을 눠도 칭찬 받았습니다. "이것좀 봐요. 이 변 참 좋죠"라고 다른 사람에게까지 보이는 사람도 있습니다. 그러나 철수가 점점 커지면 변 때문에 혼나게 됩니다. 더이상 격려의 말 따위는 듣는 일이 없습니다. 형편없다는 등 바보 멍청이라는 등 얼간이라는 등, 이러한 말들을 들으면서 아이가 자라 가는 것입니다.

독신 남성인 분이 카운슬링에 왔습니다. 대학원을 나오고 상급 공무원 시험에 합격하여 엘리트 코스를 걷고 있는 분입니다. 이 사람의 문제는 다른 사람이 신경에 쓰이고, 바보 취급 당하고 있는 듯하다는 것입니다.

이 사람의 경우는 Self Image가 건전하지 않은 것입니다. 이 문제에 관해서는 1장을 할애하여 이미 말씀드렸기 때문에 이 이상 언급하지 않기로 하겠습니다.

아이에게 이러한 Self Image를 심지 않기 위해서라도, "바보"라고 말하는 대신에 "아버지는 너를 위해서라면 언제 죽어도 좋다고 생각하고 있단다"라고 말하면 어떨까요. 어머니가 "철수하고 같이 있으면 엄마는 너무 즐거워 어쩔 수 없단다"라고 말하면 어떨까요. 철수는 자기는 사랑받고 있으며 가치가 있다고 확신할 수 있습니다.

자기가 사랑받고 이해받고 가치가 있다고 느끼고 있는 아이는 문제아가 될 필요가 없는 것입니다.

눈으로 사랑을 전하자

커뮤니케이션에서는 말로 전달하는 것은 겨우 7%, 목소리의 상태가 38%, 얼굴 표정이 55%라고 말하여지고 있습니다. 비언어적인 요소로 꽤 많은 것이 전달되고 있는 것이 됩니다.

"나는 화내고 있지 않아요!"라고 말해도, 목소리의 상태로는 화내고 있다고 이해합니다. 언어와 비언어적인 요소가 일치하지 않을 때 우리들은 본능적으로 비언어적인 요소가 진실을 말하고 있다고 생각해 버립니다.

웃는 얼굴이라면 억지로 근육을 당겨 조금은 속일 수 있을지 모르겠습니다. 하지만 눈은 여간해서 속이지 못하는 것입니다. 정신적인 문제를 가진 사람은 다른 사람을 쳐다볼 수가 없게 됩니다. 다른 사람의 눈이 신경이 쓰이게 되어서 이야기를 나눌 때도 눈을 피해 버립니다. 부모는 자기가 귀엽다고 생각하는 아이 쪽은 잘 보면서 그렇지 않은 아이 쪽은 별로 보지 않는 것입니다. 아이는 마침내 엄마는 나보다 언니를 좋아한다고 알게 됩니다. 이 경우 눈의 역할은 크다고 생각합니다.

홍미진진한 실험이 있습니다. 남성들에게 여성의 얼굴 사진을 보여 줍니다.

눈동자를 크게 수정한 사진과 그렇지 않은 사진입니다. 어느 쪽이 매력적인가 물으니 눈동자가 큰 쪽이라고 대부분의 남성이 대답합니다.

그러나 차이가 어디에 있는가는 알아채지 못하고 있습니다. 눈이란 것은 이만큼 직감적인 것입니다.

아이가 나흘씩이나 계속 밤에 오줌을 싸면 엄마는 자신도 모르는 사이에 아이의 눈을 피해 버리겠지요. 부부 싸움 후에도 서로의 눈을 보지 않습니다. 싫어하는 사람과 지나치게 될 때는 눈을 돌리고 있습니다. 어쩌면 아이를 혼낼 때만 아이의 눈을 보고 있는지도 모르겠습니다. "철수야! 엄마 눈을 보거라! 너란 아이는 말이야!"

유치원에 다니는 여자아이가 어느 날 엄마에게 말했습니다. "엄마! 눈을 보고 말해"라고.

그 소리에 엄마는 깜짝 놀랐다고 합니다. 그 무렵 미해결의 문제를 가지고 괴로워하고 있었기 때문에 아이를 접할 때 눈을 보지 않았었다고 하는 것입니다. 아이와 눈이 마주쳤을 때 생긋 웃어 준다면 그 이상 좋은 것은 없을 것입니다.

몸을 접촉시키자

아이들은 붙었다 떨어졌다 하는 레슬링 흉내를 좋아합니다. 몸의 접촉을 가질 수 있기 때문이겠죠.

국민학교 1학년 아들의 친구가 놀러 왔습니다. 우리 집은 자주 아이들의 놀이터가 됩니다. 어느 날 어린이 5~6명을 상대로 레슬링을 하게 되었습니다. 계속해서 아이들이 공격해 옵니다.

그 중에서도 가장 강한 여자아이를 잡아 눌렀습니다. 그런데 그 아이는 다른 아이들이 도울 수 있을 것 같지 않다는 것을 알아도 여간해서 항복하지 않는 것이었습니다. 나중에 알게 되었지만, 이 아이에게는 아버지가 없었던 것이었습니다. 그러니 다른 집 아저씨와 레슬링을 한 것은 아마도 처음이었겠지요. 나중에 양친의 이혼 사실을 듣고 문득 불쌍하다는 생각을 지울 수가 없었습니다.

어느 여름 캠프에서도 국민학교 저학년 남자아이가 붙어서 떨어지질 않았습니다. 이상하다고 생각했는데, 역시 이혼으로 아버지가 없는 아이였습니다.

아이가 십대 후반이 되면 부모와의 몸의 접촉도 적어지게 되겠지요. 그러므로 아이가 어릴 적에 충분히 몸의 접촉을 했으면 좋겠습니다.

무조건의 사랑

사랑이 전달되어지기 위해서는 그것이 무조건의 사랑이 아니면 안 됩니다. "요리 솜씨가 좋아지면 사랑해 줘야지"라고 말하더라도 아내는 사랑을 느낄 수는 없겠지요. "성적이 오르면 사랑해 줄게"라고 말해도 사랑은 전달되지 않습니다.

예를 들어 성적이 나쁘더라도, 오줌 싸는 버릇이 여간해서 고쳐지지 않더라도 여전히 사랑받고 있다고 느끼기 위해서는 아무래도 무조건적인 사랑이 필요합니다. 무조건적인 사랑으로 사랑할 수 있는 사람은 무조건의 사랑을 받은 경험이 있는 사람입니다. 하나님의 사랑은 무조건적인 사랑입니다. 그분은 우리들이 선행을 쌓으면 사랑해 주겠다고 말씀하고 계시지 않습니다.

하나님은 "무거운 짐을 진 자들아, 다 내게로 오라"고 초청하고 계십니다. 자신이 정말 싫고 견딜 수 없는 상태에서라도, 부족한 모습 가운데 낙심하고 있을지라도 하나님은 있는 그대로의 우리들을 부르고 계시는 것입니다.

마디
결혼 커뮤니케이션 목록

이것은 부부 커뮤니케이션의 실태를 객관적으로 알기 위한 것으로 서로를 이해하는 데에 유익합니다.

1. 질문을 읽고 처음 받은 인상으로, 가능한 한 빨리 현재의 상태에 관해 대답해 주십시오.

2. 당신의 배우자와 상담하지 마십시오. 끝난 시점에서 서로 이야기 하도록 하겠습니다. 서로 이야기를 하는 중에나 후에 답을 고치거 나 하면 이 서식은 카운슬링에 있어 의미없는 것이 되고 맙니다.

3. 솔직히 대답하지 않으면 의미가 없기 때문에, 가능한 한 솔직하게 대답해 주십시오.

4. 체크 표시(V)를 해당란에 기입해 주십시오.

5. 질문을 주의 깊게 읽어 주십시오. 정확히 대답할 수 없는 경우라 도 가장 가깝다고 생각하는 곳에 대답해 주십시오. 바른 답, 틀린 답이라는 것은 없습니다. <u>지금 느끼고 있는 그대로를</u> 대답해 주십 시오.

	예		아니오	
	대부분	가끔	거의	결코
1. 그(그녀)와 가족의 수입의 사용법에 관해 서로 이야기합니까?	__	__	__	__
2. 그(그녀)는 일이나 흥미 있는 것에 관해 당신과 이야기합니까?	__	__	__	__
3. 당신은 자기가 느끼고 있는 것을 마음에 숨겨 두는 경향이 있습니까?	__	__	__	__
4. 그(그녀)의 목소리 상태에 당신을 초조하게 하는 것이 있습니까?	__	__	__	__
5. 그(그녀)는 말 안 해도 좋은 것을 말해 버리는 경향이 있습니까?	__	__	__	__
6. 식사 때의 대화는 편안하고 또 즐겁습니까?	__	__	__	__
7. 당신은 그(그녀)의 결점을 계속 지적할 필요가 있다고 생각하고 있습니까?	__	__	__	__

MCI 결혼 커뮤니케이션 목록

<table>
<tr><td></td><td>예</td><td>아니오</td></tr>
<tr><td></td><td>대부분
가끔</td><td>거의
결코</td></tr>
</table>

8. 그(그녀)는 당신이 느끼고 있는 것을 이해하는 것 같습니까? ── ──

9. 그(그녀)는 잔소리를 합니까? ── ──

10. 그(그녀)는 당신의 말에 귀를 기울입니까? ── ──

11. 그(그녀)가 당신에 대해 화를 냈을 때 당신은 심히 기분이 나빠집니까? ── ──

12. 그(그녀)는 당신을 칭찬하거나 멋있는 말을 하거나 합니까? ── ──

13. 그(그녀)의 느낌이라든가 태도를 이해하는 것은 곤란합니까? ── ──

14. 그(그녀)는 당신에게 애정을 풍부하게 표시합니까? ── ──

15. 그(그녀)는 당신이 이야기를 다 마친 후에 응답합니까? ── ──

16. 싸움을 하면 둘다 오랜 시간 동안 말을 하지 않고 있습니까? ── ──

17. 그(그녀)는 당신의 흥미나 활동이 예를 들어 자기의 흥미와 다르더라도
당신이 하고 싶은 대로 시킵니까? ── ──

18. 당신이 우울하거나 실망해 있을 때 그(그녀)는 당신을 격려하려고 합니까? ── ──

19. 당신은 그(그녀)가 화내는 것을 두려워하여 반대 의견을 말하는 것을 포기합니까? ── ──

20. 그(그녀)는 당신이 이해해 주지 않는다고 어려움을 말합니까? ── ──

21. 당신은 그(그녀)의 일로 불쾌감을 느끼고 있을 때 그 기분을 그(그녀)에게 알립니까? ── ──

22. 당신은 그(그녀)가 어느 사실을 말하면서 실제로는 다른 것을 의미하고 있다고 느끼는
일이 있습니까? ── ──

23. 당신은 자신이 생각하는 것, 느끼고 있는 것, 믿고 있는 것을 전달하고 그(그녀)가 이
해할 수 있도록 하고 있습니까? ── ──

24. 두 사람은 화내지 않고 서로 반대 의견을 말할 수 있습니까? ── ──

25. 두 사람은 돈 때문에 자주 입싸움을 합니까? ── ──

26. 해결해야만 하는 문제가 일어났을 때, 두 사람이 냉정히 서로 이야기할 수 있습니까? ── ──

27. 당신은 그(그녀)에게 있는 그대로의 느낌을 표현하는 것을 곤란하다고 생각합니까? ── ──

28. 그(그녀)는 당신이 남편/아내로서의 역할을 감당할 수 있도록 협력하고 격려하고
도와 줍니까? ── ──

29. 그(그녀)는 당신에게 화가 날 때 당신을 모욕하는 것 같은 말을 합니까? ── ──

30. 두 사람은 가정 밖에서 같은 흥미나 활동을 같이 합니까? ── ──

31. 그(그녀)는 자기가 하는 말에 당신이 귀를 기울이고 있지 않고 있다고 하며

부부 커뮤니케이션

| | 예 | 아니오 |
| | 대부분 / 가끔 | 거의 / 결코 |

책망합니까?

32. 그(그녀)는 자기에게 있어 당신이 중요한 존재라는 것을 당신에게 알립니까?

33. 그(그녀)보다도 친구 쪽이 마음을 나누어 이야기하기 쉽습니까?

34. 그(그녀)는 당신보다 다른 사람에게 속마음 이야기를 합니까?

35. 당신은 자기가 말하려고 하는 것을 그(그녀)가 대부분 알고 있다고 느끼십니까?

36. 그(그녀)는 대화를 혼자서 다 합니까?

37. 두 사람은 공통의 흥미 있는 일을 이야기합니까?

38. 그(그녀)는 자주 골을 내거나 기분 나빠 하거나 합니까?

39. 당신은 그(그녀)와 지극히 친밀한 것이라도 서로 이야기합니까?

40. 두 사람은 서로의 개인적인 어려운 문제라도 서로 이야기합니까?

41. 그(그녀)는 당신에게 물어 보지 않아도 당신의 하루가 어떤 하루였는지
    말할 수 있습니까?

42. 그(그녀)는 당신에 대해 가지고 있는 존경이나 칭찬 등의 생각을 표현합니까?

43. 두 사람은 하루에 일어난 즐거운 일을 서로 이야기합니까?

44. 그(그녀)로 인해 기분이 상해지는 것을 두려워하여 당신은 일에 따라서는 그(그녀)와
    이야기하는 것을 주저합니까?

45. 당신은 실제 귀를 기울이지 않고 있을 때도 그(그녀)에게 귀를 기울이는 척합니까?

46. 둘이 앉아서 잡담만 하는 경우도 있습니까?

〈밀라드 비엔베누 경(Millard J. Bienvenu. Sr.) 작성〉